有线电视产业的发展演化与绩效评价

王贤梅·编著

东南大学出版社
SOUTHEAST UNIVERSITY PRESS
·南京·

内 容 提 要

本书基于产业经济和绩效评价理论,结合现实实践和可持续发展的目标定位,对有线电视产业的发展做了系统性分析。采用规范与实证相结合、静态与动态相结合、比较与系统相结合的方法,对有线电视产业的发展及演化问题进行了理论研究和经验研究。考虑到有线电视用户地位的逐步提升,本书指出,有线电视产业可持续发展的核心目标是基于用户需求,不断提高产业发展效率,同时根据所处市场环境和产业动态演化规律,选择合适的链式整合发展策略。

全书共有八章。首先,理清数字技术背景下有线电视产业的产业链结构和产业特性等本质因素;接着,结合"七力模型"做一般性市场竞争环境分析,借助"Logistic 动态演化模型"做一般性演化趋势分析;之后,借助全要素生产率模型做时间序列维度的效率发展评价,采用改进的效率评价模型做针对性的产业发展效率测度;最后,在前面分析的基础上,从产业链视角出发的多维度整合将是有线电视产业可持续发展的升级路径。

图书在版编目(CIP)数据

有线电视产业的发展演化与绩效评价 / 王贤梅编著.
南京：东南大学出版社, 2025.7. -- ISBN 978-7-5766-1640-8

Ⅰ.G229.2

中国国家版本馆 CIP 数据核字第 2024H414H1 号

责任编辑：叶 娟　　责任校对：子雪莲　　封面设计：王 玥　　责任印制：周荣虎

有线电视产业的发展演化与绩效评价
Youxian Dianshi Chanye De Fazhan Yanhua Yu Jixiao Pingjia

编　　著	王贤梅
出版发行	东南大学出版社
出 版 人	白云飞
社　　址	南京市四牌楼 2 号（邮编：210096　电话：025-83793330）
网　　址	http://www.seupress.com
电子邮箱	press@seupress.com
经　　销	全国各地新华书店
印　　刷	广东虎彩云印刷有限公司
开　　本	700mm×1000mm　1/16
印　　张	10.25
字　　数	172 千字
版　　次	2025 年 7 月第 1 版
印　　次	2025 年 7 月第 1 次印刷
书　　号	ISBN 978-7-5766-1640-8
定　　价	68.00 元

本社图书若有印装质量问题,请直接与营销部联系,电话：025-83791830。

前言

自1935年3月德国柏林开始提供电视转播服务以来,电视逐渐成为千家万户不可或缺的文化传播媒介。电视在技术升级中经历了多次创新变革。20世纪后期,网络和数字技术的快速发展将我们带入了全新的有线数字电视时代,为电视产业的发展开辟了广阔的市场空间,拓宽了产业发展边界,转换了产业增长动力。节目内容的传播方式也发生了根本性变化:从供给主导转向需求反哺、从单向推送转向双向互动、从封闭系统转向开放系统。

2016年12月,中共中央宣传部、财政部、国家新闻出版广电总局发布的《关于加快推进全国有线电视网络整合发展的意见》指出:"随着网络和数字技术的快速发展,新媒体、新业务、新商业模式不断涌现,有线电视网络业务创新、转型升级受到分散运营、分割发展的制约,资源优势、规模效益得不到充分发挥,可持续发展面临重大挑战。"可见,有线电视产业的可持续发展问题已经得到重视。

2021年10月,国家广播电视总局官网正式发布的《广播电视和网络视听"十四五"发展规划》指出:"广电总局加强顶层设计,完善产业发展政策措施,推动产业高质量发展,产业发展规模持续增长,产业带动能力不断增强。"有线电视产业的高质量发展成为其遵循的目标。

本书将基于产业经济和绩效评价理论,结合有线电视的现实实践和高质量发展的目标,对有线电视产业的发展做系统性研判。鉴于有线电视用户地位逐步提升的现状,本书指出,有线电视产业可持续发展的核心目标是基于用户需求,不断提高产业发展效率,同时根据所处市场环境和产业动态演化规律,选择合适的链式整合。研究采用规范与实证相结合、静态与动态相结合、比较与系统相结合的研究方法,对有线电视产业的发展及演化问题进行了理论研究和经验研究。分析思路为:首先,理清数字技术背景下有线电视产业的产业链结构和产业特性等本质因素;接着,结合"七力模型"做一般性市场竞争环境分析,借助"Logistic动态演化模型"做一般性演化趋势分析;之后,借助全要素生产率模型做时间序列维度的效率发展评价,采用改进的效率评价模型做针对性的产业发展效率测度;最后,在前面分析的基础上,从产业链视角出发的多维度整合将是有线电视产业可持续发展的升级路径。

本书的有关理论和实证研究按四个章节展开。其中,第三章和第四章对有线电视产业的演化发展情况做了概要性分析。以数字技术的发展为线索,追踪了有线电视产业的技术演化,阐明了不同技术带动下的有线电视发展情况,并对各个时期的主要市场特性和主体行为进行了发展阶段划分;在此基础上,进一步分析了数字化时代有线电视特有的产业链式结构和产业特性的变革,并借助数理模型做了阶段划分演示。

在"三网融合"十多年之后的今天,虽技术融合已日益成熟,但有线电视产业的发展还依赖于电信产业及互联网产业的技术创新。长期的事业体制使其在技术创新上表现不足,长期处于技术复制的跟随期,这将对有线电视产业未来的市场化之路形成阻碍。因此,有线电视产业不仅要在组织体制和制度等方面加速改革,更要在技术创新、技术引进方面加快步伐。第五章借助 Malmquist-DEA[①] 模型,以各省份的有线电视业为研究对象,测算出全要素生产率的变动情况,探讨有线电视业全要素生产率变动的时间动态维、空间区域维差异,进一步揭示 2010—2019 年我国有线电视产业的效率差异(分为技术进步和效率提升)演变的内在规律和机制。

虽然有线电视的平台属性在模拟信号时代就已存在,但是随着数字技术在有线电视产业中的普及,该平台的重心发生了偏移。区别于一般的产品,有线电视产业的规模经济和收入来源于受众规模,而不是产业规模,效率的提升及产业的可持续发展都需依托用户的支持。第六章在考虑了网络外部性的基础上,基于两阶段节目生产过程,评价了有线电视产业的发展效率。依托有线电视产业的运作实践,关注产业链中的用户作用,并基于网络外部性的考虑,改进了现有的评价模型,以期更精确地分析有线电视产业的产业运作效率,有效测算内容传输阶段和内容制作阶段的效率值。

产业链维度的整合模式可以促进节目内容制作阶段和节目内容传输阶段的互融互通。在数字技术的协助下,使电视内容的基本信息流和用户体验的反馈信息流得以及时利用,从本质上打通了两阶段之间的信息流通,从而提高了有线电视产业的运营效率。第七章的研究表明,广电产业内的整合行为是行业发展到特定阶段的理性选择。在技术日新月异、用户分流严重、市场深度融合的时代,有线电视产业内的运营主体还需尽快整合产业链条、扩大用户基础、融合细分市场,并加速

---

① DEA,Data Envelopment Analysis,中文:数据包络分析,下同。

新技术的应用,利用相互间的通用元素分享已有技术和用户基础,实现快速发展。在上游丰富电视节目的广度、不断加大业务创新的同时,运营商中间环节还需实现个性化发展,不断推出优质服务;下游则侧重挖掘用户需求,并将用户响应信息在产业链内循环,以不断提高用户的忠诚度。在"三网融合"进程中,各行动主体的目标函数不仅仅是实现自身利润最大化,还需积极提升产业发展效率,以实现整个产业的可持续发展。随着对产业链的构成以及网络外部性的产业特性认识的加深,可以看出上下游产业链之间的整合行为影响着有线电视产业链的形成与发展。

本书借助"七力模型"和"Logistic 动态演化模型",对有线电视产业演化过程、产业特性的变革、全要素生产率的测度进行了研究。同时,基于产业链解构的产业效率评价,以及多维链式整合模式在有线电视产业发展中的应用及相关研究,均对现有的理论发展和经验研究有一定的启发意义,对产业发展的现实实践也具有一定的指导价值。

目 录

第一章 绪论 ·· 001
  1.1 问题的提出 ··· 001
    1.1.1 研究背景 ·· 002
    1.1.2 研究问题与意义 ·· 007
  1.2 研究范式 ·· 009
    1.2.1 核心概念界定 ·· 010
    1.2.2 研究方法 ·· 012
  1.3 全书内容和结构 ·· 013

第二章 文献述评 ·· 016
  2.1 有线电视产业的基础理论 ··· 016
    2.1.1 产业组织视角 ·· 016
    2.1.2 双边市场视角 ·· 020
    2.1.3 产业演化视角 ·· 022
  2.2 产业发展评价的方法 ··· 023
    2.2.1 效率的定义与分类 ·· 023
    2.2.2 效率的评价方法 ·· 027
    2.2.3 DEA 模型 ·· 029
    2.2.4 生产率的定义与分类 ·· 035
    2.2.5 全要素生产率的评价方法 ·· 036
  2.3 产业发展评价的经验研究 ··· 038

2.3.1　一般性文化产业的发展评价 ······················· 038
　　2.3.2　电信等信息融合型产业的发展评价 ··············· 040
　　2.3.3　有线电视产业的发展评价 ······················· 041
2.4　基于可持续发展准则的实证研究 ······················· 043
2.5　本章小结 ··· 045

第三章　有线电视产业发展演化的基本事实 ················· 046
3.1　有线电视产业发展的技术演化 ························· 046
3.2　有线电视产业发展的特性变革 ························· 048
3.3　有线电视产业发展的链条解构 ························· 051
3.4　有线电视产业发展的环境变迁 ························· 054
3.5　本章小结 ··· 056

第四章　有线电视产业发展演化的模型探讨 ················· 058
4.1　有线电视产业发展的演化历程 ························· 058
　　4.1.1　总体演化趋势 ································· 058
　　4.1.2　"十三五"期末的发展情况 ······················· 061
4.2　基于七力模型的市场竞争分析 ························· 064
4.3　基于Logistic模型的动态演化探讨 ····················· 070

第五章　有线电视产业全要素生产率的动态异质性 ··········· 073
5.1　问题的提出 ··· 074
5.2　全要素生产率测度模型 ······························· 077
5.3　指标与数据 ··· 080
　　5.3.1　投入产出指标 ································· 080

  5.3.2 数据来源 ··· 082
  5.3.3 数据平减处理 ··· 082
  5.3.4 数据描述性统计 ··· 083
 5.4 实证分析 ··· 085
  5.4.1 有线电视产业时间维度的 TFP 异质性 ····························· 086
  5.4.2 有线电视产业省际维度的 TFP 异质性 ····························· 088
  5.4.3 有线电视产业区域维度的 TFP 异质性 ····························· 090

第六章 考虑产业特性的有线电视产业效率评价 ······························ 092
 6.1 问题的提出 ··· 092
 6.2 含有反馈变量的多时期两阶段 DEA 模型 ································ 094
  6.2.1 改进模型的建立 ··· 094
  6.2.2 模型多重解问题的算法设计 ······································· 101
  6.2.3 跨时期的效率变化 ··· 103
 6.3 指标与数据 ··· 103
  6.3.1 具体指标 ··· 104
  6.3.2 指标统计 ··· 106
  6.3.3 数据来源 ··· 106
  6.3.4 数据平减处理 ··· 106
  6.3.5 数据描述性统计 ··· 107
 6.4 实证分析 ··· 109
  6.4.1 有线电视产业效率静态展示 ······································· 109
  6.4.2 有线电视产业效率动态比较 ······································· 114

第七章　绩效评价基础上的产业链整合问题 …………………… 117

7.1　问题的提出 ………………………………………………… 117
7.2　演化周期各阶段的链式整合 ……………………………… 117

7.2.1　纵向整合：内容制作与传输的深度融合 ………… 119
7.2.2　横向整合：内容制作与传输的多网络运营 ……… 119
7.2.3　同心型整合：数字技术带动下的多维化发展 …… 120
7.2.4　跨区域整合：跨区大网下的多竞争生存 ………… 121

第八章　扩展讨论、研究结论与展望 …………………………… 123

8.1　研究结论 …………………………………………………… 123
8.2　政策启示 …………………………………………………… 125
8.3　研究展望 …………………………………………………… 126

参考文献 ………………………………………………………… 128

后记 ……………………………………………………………… 151

第一章 绪论

本章将阐述本书的研究背景和意义,明确本书研究的主要对象,针对"三网融合"十多年来有线电视的现实实践,开展相应的发展演化和绩效评价研究。基于研究问题,进一步对一些基本概念进行界定,并介绍主要研究内容、写作结构,以及使用的研究方法。

1.1 问题的提出

从"十五"开始,"三网融合"就频频出现在《中华人民共和国国民经济和社会发展规划》《广播电视和网络视听"十四五"发展规划》等国家及行业发展的重要文件中。有线电视产业作为这些规划推动的重要行动载体,其从一定程度的垄断经营发展到在交叉竞争环境下或主动或被动地逐渐实现市场化转型的历程,引起了学术界的广泛关注(范晔 等,2011;朱依曦 等,2015)。我国有线电视产业除了市场化程度不断加深外,还受到我国国情、经济社会发展阶段、人文环境和国家新闻宣传政策等因素的综合影响,带有鲜明的中国特色。同时,其发展也随着数字媒体技术和政策规制环境的变化而不断演化,发展效率有所提升(包佳,2019)。数字技术及"三网融合"战略等推动了有线电视产业的发展,拓宽了产业发展边界,转换了产业增长动力(陈金桥,2013),使得节目内容的传播从供给主导向需求倒逼、从单向推送向双向互动、从封闭系统向开放系统转变(顾成彦 等,2008a)。

2018年11月,广电总局印发的《关于促进智慧广电发展的指导意见》指出,未来广电产业的发展要大力推动广播电视从数字化、网络化向智慧化发展,推动广播电视又一轮重大技术革新与转型升级。随着智慧广电的发展,相应的广电产业运营模式也需配套创新升级,不断培育挖掘智慧广电产业升级的新动能(王羽,2019)。

2019年,广电总局印发的《关于推动广播电视和网络视听产业高质量发展的意见》指出，需要"加速广电网络提质升级：加快建设广电 5G 网络，打造集融合媒体传播、智慧广电承载、智慧万物互联、移动通信运营、国家公共服务、绿色安全监管于一体的新型国家信息化基础网络。按照全国有线电视网络整合发展领导小组部署，加快实现全国'一张网'，与广电 5G 网络建设一体化推进。""加快服务能力与科技深度融合发展：发挥国家科技计划和专项规划的引领支撑作用，加快大数据、云计算、人工智能、IPv6、5G、虚拟现实（VR）、增强实现（AR）等新一代信息技术在广播电视和网络视听节目制作、播出和传输覆盖中的部署和应用。""鼓励优势产业区域率先发展：推动经济基础较好、广播电视和网络视听资源比较集中、产业优势突出的地区、省区以及国家中心城市、城市群率先发展，形成文化产业乃至地区国民经济发展的战略高地。"

可见，有线电视产业发展的智慧化及高质量发展模式已经确立，市场化特征已经显现，且在市场化进程中呈现出区域性特点。

本书将从产业经济学的视角探讨有线电视转型发展的演化进程，并从时间维度和区域维度动态追踪与有线电视发展有关的理论性、现实性以及前瞻性问题，结合有线电视产业 2010—2019 年的现实实践数据，做贴合有线电视产业发展的跨时间、跨区域研究。

1.1.1 研究背景

随着有线电视产业政策的转型——从产业规制转向产业治理，以及"三网融合"战略的推进，有线电视产业的发展正逐渐从区域垄断转向全国范围内的网间竞争。数字技术的快速发展缩小了"三网融合"战略实施主体之间的技术差距，为有线电视产业的市场化发展增加了动力以及可持续发展的可能。2020 年，全国广播电视行业总收入达到 9 214.6 亿元，相应的收入结构也在逐步优化调整，新业务、新业态、新模式已发展成为广播电视产业发展的生力军，持证及备案机构网络视听收入达 2 943.93 亿元。从演化进程可以看出：近年来有线电视产业的市场发展正在转型，从由区位分割的区域性垄断向合作竞争的国家市场转变；产业增长的模式从技术升级需求转向服务提升需求；同时依据顶层设计全面整合全国有线电视网络。

（1）市场发展转型：区域性垄断转向全国范围内的合作竞争

随着交互式网络电视（Internet Protocol Television，IPTV）、互联网电视

(Over The Top TV，OTT-TV)等多媒体的发展，全球范围内出现了有线电视用户大幅缩减的现象。"剪断电缆"(Cord-Cutting)或用户停止订阅成为一些观众的选择。以美国为例，基于美国7家最大的付费电视运营商中的5家发布的2017年第三季度用户数据可知，这些公司在该段时间内共失去了632 000名付费电视用户(ATT和DirecTV共有385 000名，Comcast有125 000名，Charter有104 000名，Verizon FiOS TV有18 000名)，外加未公布数据的Dish和Altice，7家公司总的用户流失数量接近100万，即表示仅仅在2017年第三个季度就有近百万美国民众停止订阅有线电视服务。后来新冠疫情的暴发进一步改变了经济社会形态和人们的生活方式：据市场研究公司Omdia发布的报告，按净值计算，2020年全球传统付费电视订阅用户数量减少了800万以上，总数从2019年底的10.73亿降至2020年底的10.65亿，其中美国付费电视订阅用户数在2020年下降了580万以上。这一数据显示，全球范围内有线电视产业都面临着用户流失问题，且有加剧的趋势。

为了追踪中国有线电视用户2008—2019十年间的变化，根据《中国统计年鉴》(2009—2020)以及《中国广播电视年鉴》(2009—2020)的相关数据可知，2008—2019年中国有线电视用户数和变化率的相应数据可分别见表1-1和图1-1。由表1-1和图1-1可以看出，2014年之前有线电视用户数保持稳定增长，增速在6%至8%之间。这一阶段随着人们生活水平的提升，可用于电视消费的支出和时间有所增加。而随着在线视频等多种内容的出现，2016年以后，我国有线电视实际用户数又呈现出逐年下降的走势。2019年，我国有线电视用户实际规模约为20 661万户，比2018年约减少1 171万户，同比下降5.36%。众所周知，用户留存是服务业发展的基础(Li et al.，2021)，因此用户订阅数的存量和走势是有线电视产业发展的重要关注点，也是有线电视产业演化观测和绩效评价的重要变量。

长期以来，收看电视节目是人们相对喜欢的娱乐方式之一。电视节目在我国一直充当着信息传播的重要渠道，并且在人们的娱乐活动中不可替代。但是根据《国际通信市场报告》(2016)可知，除了中国以外，西方发达六国2015年的人均每日收看电视时间都超过了200分钟，其中美国观众的日均收视时间最高，达到274分钟，而我国的日均收视时间仅为155分钟。据《国际通信市场报告》(2021)显示：2020年，英国每天观看传统广播电视的平均时间为3小时12分钟，比2019年增加了9分钟。但这一增长完全是由45岁及以上的英国人推动的。2020年，较年轻的年龄组继续减少观看广播电视的时间。例如，16—24岁的英国人平均只花1小时

表 1-1　有线电视订阅人数与变化趋势(2008—2019 年)

年份	有线电视订阅户数/万户	变化量/万户	变化百分率/%
2008	16 397.94	—	—
2009	17 522.73	1 124.79	6.86
2010	18 872.18	1 349.45	7.70
2011	20 264.39	1 392.21	7.38
2012	21 508.97	1 244.58	6.14
2013	22 893.8	1 384.83	6.44
2014	23 458.23	564.43	2.47
2015	23 566.75	108.52	0.46
2016	22 829.53	−737.22	−3.13
2017	21 445.63	−1 383.9	−6.06
2018	21 832.41	386.78	1.80
2019	20 661.43	−1 170.98	−5.36

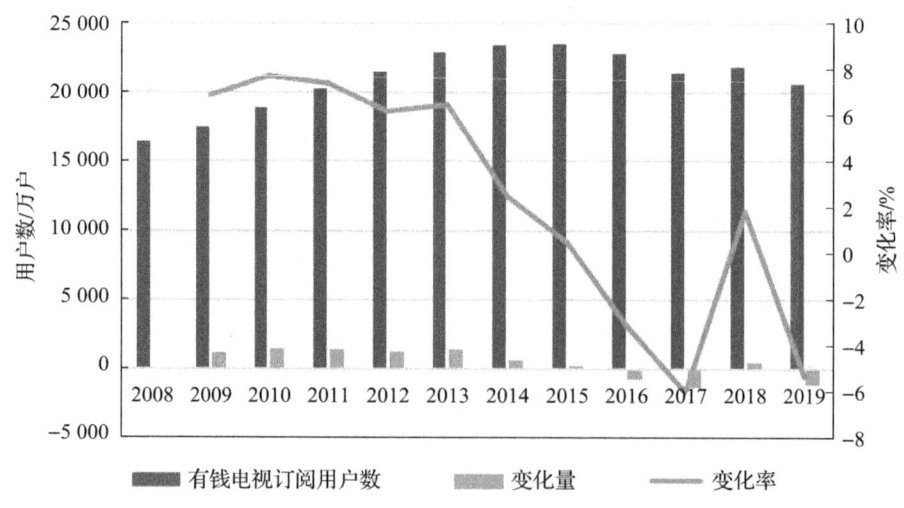

图 1-1　有线电视订阅人数的变化趋势(2008—2019 年)

17 分钟观看广播电视,比 2019 年减少了 4 分钟。可见,随着多媒体娱乐内容和形式的创新和发展,在交叉竞争的商业格局下,电视用户的娱乐选择呈现多元化和分离化趋势。同时,收看电视节目的用户逐渐呈现老年化趋势。

我国电视观众的人均收视时间也表现出不断减少的趋势。依据《中国电视收视年鉴》(2002—2019)的相关数据可知,从全国年度均值来看,2001年的人均每日收视时间为185分钟,近二十年来逐年减少至2018年的133分钟。2001年到2010年这十年间,收视时间变化不大。从全国七大地区来看,收视时间表现出一定程度的先增后减趋势。从区域均值来看,七大区域的收视时间存在较大差异。其中,华北地区的均值最高,达到了184分钟,而华南地区的均值最低,只有145分钟,两者相差了39分钟。其余五大区域的差别也较大。2011年之后,总体及区域上都呈现出较大程度的收视时间缩水现象(见表1-2)。可见,有线电视产业的收视端及用户需求存在较大的时间和区域差异。

表1-2 中国七大区域的电视观众人均每日收视时间 单位:分

区域	年份											区域均值
	2001	2005	2010	2011	2012	2013	2014	2015	2016	2017	2018	
东北	189	193	191	185	190	184	181	179	173	155	147	179
华北	200	195	196	196	198	193	188	176	170	160	147	184
西北	193	185	180	168	172	169	165	157	154	142	133	165
西南	181	179	169	166	174	170	173	174	179	163	153	171
华东	177	164	168	162	162	157	151	145	139	128	116	152
华南	184	169	152	148	149	146	138	136	133	122	118	145
华中	169	157	166	164	166	164	163	161	153	132	116	156
年度均值	185	177	175	170	173	169	166	161	157	143	133	

随着有线电视市场逐渐从区位分割的区域性垄断向竞争日趋激烈的国家市场转变,其产业定位也从国家指导下的文化产业逐渐转向市场化发展的数字内容产业。这一产业属性的变化还需有线电视产业主体尽快调整企业的发展准则和宗旨,尽快走向以全要素生产率和产业效率提升为目标的可持续发展道路。

(2) 产业增长需求:技术升级转向服务提升

2017年9月,国家新闻出版广电总局发布的《新闻出版广播影视"十三五"发展规划》中强调,广播影视行业需要"加强科技创新,构建现代传播体系,借助广播影视数字化提升工程实施宽带广电战略,不断提升直播卫星公共服务平台数字化支撑能力"。"十三五"期间,广电产业科技规划主要是大力推进广播影视融合媒体云建设,打造"广电十"生态链,推动广播影视行业全面战略转型升级,推进宽带广电和有线无线卫星融合一体化建设,全面增强广播影视融合媒体传输覆盖能力。具体从以下八个方面展开:"一、全面实现广播电视数字化;二、大幅度增强广电融合媒体制播能力;三、全面提升广电融合媒体服务能力;四、基本完成下一代广播电视网(NGB)建设;五、基本实现广电终端标准化智能化;六、显著提高融合媒体安全保障能力;七、大幅提升广播电视公共服务水平;八、全面增强广播影视科技创新能力。"其中前三个目标是后面五个目标的实现基础。可见数字技术充分发展后的有线电视产业的制播和服务能力提升是"十三五"时期发展的重中之重。

数字技术的发展加快了数字融合的进程,广播电视网、电信网、互联网从过去的仅能承载传输某一类信息的介质逐渐发展为可以实现多种信息传输融合业务功能的复合媒介。随着网络视频、IPTV、OTT-TV以及其他互联网与电视融合的视听新媒体的不断创新,广播电视网也需从承载节目传输的单一功能逐步拓宽增值空间,转向互联网接入下的多项信息服务的综合功能服务模式方向。这一转变可以通过"十四五"时期的相关发展规划来见证。

2021年10月,国家广播电视总局官网正式发布的《广播电视和网络视听"十四五"发展规划》从以下七个方面提出了发展目标:"一、媒体深度融合发展,一体化、联动式主流舆论格局有效构建;二、精品创作有力有效,为实现中国梦提供强大精神支撑;三、公共服务提质增效,智慧广电'人人通'基本实现;四、产业高质量发展,成为发展数字经济、扩大内需的强力引擎;五、科技创新有效赋能行业发展,智慧广电全业务服务模式基本建立;六、安全保障和治理能力持续提高,现代化行业治理体系不断健全;七、国际传播能力显著提升,'走出去'实效切实增强。"可见新时期的发展目标除了强调技术升级,更多转向了产业发展和服务提升。

(3) 产业政策促进:全面整合全国有线电视网络

自2010年1月国务院常务会议审议并通过了推进"三网融合"的总体方案以来,"三网融合"经历了从试点城市的率先实行到全国范围的大规模实质性推进,市场参与主体相继清晰、相应的竞争格局逐渐形成。不过,由于长久以来广电产业缺失成熟的市场运作能力和交叉运营的政策许可,其在"三网融合"战略中成效相对较小,甚至一度严重到沦为了"三网融合"战略的短板。2016年5月,工业和信息化部向中国广播电视网络集团有限公司(简称"中国广电")颁发"基础电信业务经营许可证"之后,其控股子公司——中国有线电视网络公司得到了在全国范围内经营互联网国内数据传送和国内通信设施服务两项基础电信业务的授权,这预示着有线电视产业正式有资质开展信息通信业务,同时这一授权使得有线电视产业在业务的开展过程中与电信的双向互通得以加强,并深层次地推动了"三网融合"的进程。

由于长期的发展机制以及自身发展基础的限制,有线电视产业要想在"三网融合"战略中占据有利地位,有线电视的运营主体(尤其是下游的有线电视运营商)还需不断增强自身承载语音、数据、视频等业务能力以及市场运营和终端服务能力,在技术升级的硬实力基础上增强电视产业的市场运作和服务软实力。2016年12月,中共中央宣传部、财政部、国家新闻出版广电总局发布的《关于加快推进全国有线电视网络整合发展的意见》指出:"随着网络和数字技术的快速发展,新媒体、新业务、新商业模式不断涌现,有线电视网络业务创新、转型升级受到分散运营、分割发展的制约,资源优势、规模效益得不到充分发挥,可持续发展面临重大挑战。"要求"加快推进全国有线电视网络整合发展,不断加快文化消费升级和产业转型,推进文化领域供给侧结构性改革"。综上可以看出,这些指导意见的发布就是试图推进有线电视网络整合发展,落实国家"三网融合"战略,进一步巩固有线电视主流舆论发布渠道和主流媒体的地位,"十三五"末期基本完成整合全国有线电视网络的目标,并通过"两步走"的方式构建"全国一张网"的大格局。中华人民共和国中央人民政府于2021年3月13日发布的《中华人民共和国国民经济和社会发展第十四个五年规划和2035年远景目标纲要》中明确指出"十四五"时期要"持续推进全国有线电视网络整合和广电5G建设一体化发展,统筹有线、无线、卫星、互联网等多种手段,推进协同承载和互联互通,打造功能更加强大的主流媒体融合传播网、数字文化传播网、基础战略资源网。"

1.1.2 研究问题与意义

《中华人民共和国国民经济和社会发展第十四个五年规划和2035年远景目标纲要》明确指出,"十四五"时期要坚持新发展理念,"把新发展理念完整、准确、全面贯穿发展全过程和各领域,构建新发展格局,切实转变发展方式,推动质量变革、效率变革、动力变革,实现更高质量、更有效率、更加公平、更可持续、更为安全的发展。"其中:效率就是实现新发展的内在要求之一,是实现经济社会高质量发展的根本出发点。有线电视产业作为国民支柱性经济产业之一,也要率先提高发展效率。

在"三网融合"十多年之后的今天,本书拟聚焦于有线电视市场化转型历程中,数字技术支撑下的全要素生产率驱动和效率评价问题,深入研究有线电视产业的演化发展。研究将从省市自治区的异质性效率以及产业链解构下的各阶段效率评价角度展开,并借助链式多重整合模式指明有线电视产业的高质量发展方向。本书一改以往的理论模型占主导的模式,更加关注现实数据的分析和抽象,主要的研究专题包括以下四个方面。

首先,对有线电视产业的发展演化进行实践追踪。有线电视产业作为文化产业和信息产业的复合体,受媒体技术的发展影响显著,因此,本书依据技术发展演化对有线电视产业的演化做了基本的定性分析,并进一步对有线电视的发展阶段、产业链解构以及产业特性变革做了定性探讨。这些定性研究将为后续的定量分析奠定基础,逐步开展产业的全要素生产率测度、产业链解构后的效率评价以及高质量发展整合研究。其次,依据有线电视的现实运营环境,结合"七力模型"对有线电视产业的市场结构进行基本面分析,将产业演化的 Logistic 模型引入有线电视的理论研究中。接着,基于有线电视产业数年的发展实践,初步测度省市自治区范围内的全要素生产率的动态异质性,通过比较不同省市自治区不同时期的全要素生产率及其组成成分的变化,分析有线电视产业的实践演化情况,探寻有线电视产业的升级路径。之后,将研究范围聚焦到 2017—2019 年,从有线电视产业的产业链整体出发进行解构。考虑到用户的网络外部性,提出改进的非参数 DEA 模型,并给出唯一解的算法设计。基于这一模型,对有线电视产业的效率进行了精确测量,测度出不同省市自治区的产业链不同阶段的发展效率情况,为有线电视产业的进一步发展指明改进的路径。最后,结合前文对有线电视产业的多维度分析,抽象出多维链式整合模式,以实现有线电视产业的高质量发展,并提出了可行的政策建议。

这些问题的解决将有理论和现实两大方面的意义。

理论意义主要表现为:有线电视产业高质量发展的诉求下,依据"七力模型"分析有线电视的总体市场环境,同时结合多年的实践情况,抽象出有线电视产业的"Logistic 动态演化模型"。随着有线电视产业逐渐由区域范围内的自然垄断向全国范围内的市场运作转型,其与一般的电力、自来水等网络型公用事业相比,具有网络端需与电信及互联网产业竞争,内容端需与互联网等多种资质内容的流媒体之间的竞争的特点。在将有线电视产业的链条分解为内容制作和内容传输两大阶段后，依据用户的外部性特征改进现有的效率评价模型，以期真实反映现实发展情况。本书的研究模型考虑了产业的网络外部性特性后，丰富了产业效率评价理论。最后提出多种链式整合模式，以供理论界参考。

现实意义主要表现为：长期以来，有线电视产业具备文化产业的政治属性和内容信息产业的市场属性双重特征。其长期受到国家的支持，且其收入模式长时间处于广告盈利模式而缓于转变为"广告＋付费"的新型盈利模式。相关主体往往无力或无动力提升有线电视产业的运营效率，有线电视网络市场并不是完全实施市场化运作模式。随着"三网融合"的不断推进，有线电视产业的市场化运作逐渐步入正轨，此时对其做产业效率评价很有现实意义。在"全国一张网"的战略部署下，地域内分割式的垄断发展模式将被全国范围内的合作竞争模式所取代，有线电视产业的发展急需寻找新的增长点，以实现可持续增长。本书的核心研究立足于有线电视产业多年的现实实践。首先，借助全要素生产率模型探明有线电视产业的绩效演化路径，直观呈现各个省市自治区的绩效变动情况。在此基础上，聚焦于有线电视产业的近些年发展（以 2017—2019 年为例），在链条解构和产业特性分析的基础上，以现实实践数据测算产业链视角下的内容制作和内容传输阶段的发展效率变化。这一长期的基本面分析和短期的典型面分析，将为有线电视的市场发展能力整体提高提供现实的实践支撑。此外，最后提出的多维链式整合模式，也将为相关市场运营主体，如网络运营商、内容提供商和终端设备商，提供高质量发展的现实思路。

总的来说，本书在梳理了我国有线电视产业发展的脉络、新媒体时代有线电视产业的发展演化和产业特性的基础上，借助不同的方法评价了各个省市自治区有线电视产业发展的全要素生产率（长期演化情况）和分阶段的产业效率（三年聚焦情况），并为有线电视产业各主体提供了可参考的高质量发展多维整合模式。

1.2 研究范式

本节对本书涉及的核心概念、基本的研究内容、写作结构以及研究方法做了梳理。

1.2.1 核心概念界定

此处将对本书的核心概念及专有名词做基本的界定,包括有线电视(产业)、绩效评价、数字技术等。

(1) 有线电视

鉴于已有的关于"有线电视"的广泛研究,本书将其看作一个一般性产业。随着研究的深入,从产业链的角度将其看成是结合内容制作和内容传输为一体的代表性产业。有线电视快速发展的同时,无线电视及卫星电视仍然存在,三者在技术与经济特点上有着明显的异同。三种形式的电视转播成本都依赖于一定区域内收视观众的密度(卢远瞩 等,2015)。一般来说,如果观众密度高,则电视转播的人均成本较低;如果观众密度低,则电视转播的人均成本较高(邹峰,2014;郑大勇,2005;朱砚,1996)。但每种电视转播平台又有着各自的优势与劣势:无线电视的优势在于设备简单,劣势是电视台与观众间的互动性有限;卫星电视的优点则是建设成本低,只要租用卫星的中继空间就行,但是它没有互动的功能;有线电视则具有带宽优势(无论是在数字技术还是在模拟技术下),能够实现服务提供商与观众之间的互动(在电缆中建立回路),缺点是建设成本高,有线模拟电视转换为有线数字电视时传输线路改造的成本较高(表1-3)。

表1-3 不同传输技术下的电视优缺点

优缺点	无线电视	卫星电视	有线电视
优点	设备简单	建设成本低	带宽优势,互动性强
缺点	互动性有限	无互动性	建设成本高,传输线路改造成本较高

随着有线电视节目内容质量以及用户响应度的提高,在一些电视产业较为发达的国家中,有线电视已逐渐成为主要的电视节目接收方式。可见,有线电视在近些年的主导地位还能得以持续(表1-4)。

表1-4 2015年主要发达国家与金砖国家不同电视传输技术占比　　单位:%

国家	IPTV	无线电视	卫星电视	有线电视
美国	11	16	28	45
英国	7	36	41	15

续表

国家	IPTV	无线电视	卫星电视	有线电视
德国	6	6	44	44
日本	8	6	30	56
中国	11	7	23	59
印度	0	0	42	58

注：部分国家的几种电视传输技术类型的比例加总小于100%，是由于参考数据的小数点省略造成的，不影响分析结果。
资料来源：《国际通信市场报告》(2016)。

(2) 绩效评价

"绩效"的英文单词为"Performance"，起源于美国，包括"业绩""执行结果""绩效"以及"性能"等多种含义。目前，国内外学界关于"绩效"定义比较有代表性的可以归纳为"结果论""行为论""综合论""胜任力论"四种类型(王翔宇，2021)。在管理学研究领域中，"评价"(Evaluation)被定义为"从特定目标出发，遵照一定的评价标准和评价程序对正在从事的工作或已经完成的工作进行测度，从中找到能够反映出工作进程质量、成果或水平的数据与材料，以此对工作的质量、成果或水平做出科学合理的判断"(方振邦，2018)。

绩效评价(Performance Evaluation)又可称为绩效考核或绩效评估，是指通过一系列可以进行测量的维度对个人工作行为或工作结果进行确认的过程。度量结果可使管理者与员工知晓工作绩效的状态，从而达到改进工作绩效的目的(杜瑜，2020)。绩效评价已经成为组织管理中核心职能之一，对被评价单元的成长具有非常重要的意义。

(3) 数字技术

数字技术是一项与电子计算机、光缆、通信卫星等设备相伴而生的科学技术，主要用于表达、传输和处理信号信息。在编码应用中，数字技术表现为基于数字技术的编码信号，其波形为一系列数字，通常编码为一个序列的二进制"0"和"1"，或"ON"和"OFF"，可将图文声像转化为特定编码。数字技术使编码不再基于模拟波形，从而实现接近完美的内容加工、处理、存储、传输以及还原，具有抗干扰能力强、精度高的特点。但这些优势是以牺牲带宽为代价的，因为数字信号比模拟波形需要更多的带宽。唯一的解决方法就是压缩数字信号(Gerbarg，2009)。在有线电视中，数字技术的应用是借助数字技术来实现节目内容的制作、传输及接收，即在传统的模拟系统中部分或者整体实现数字化。

数字电视技术最早起源于美国。1994年6月,美国开始了启用USSB和DirecTV两大卫星开播数字电视的先河(汪一飞,1996)。此后,1996年4月,法国在欧洲第一个开展了数字电视广播的商业运营;1998年10月,英国成为欧洲第一个地面数字电视开播的国家,并于同年11月开播了卫星数字电视(杨威,2001)。21世纪初,亚洲国家也陆续走上了数字电视的追赶式发展道路:日本于2003年开展了亚洲首个地面数字广播服务,此后韩国也开始普及数字电视。我国最早发展的是卫星数字电视,1995年中央电视台采用数字压缩技术通过中星5号播出了加密付费的数字频道节目。自2003年国家广播电影电视总局开始启动有线电视从模拟向数字的整体转换行动以来,至2010年我国基本实现广播电视的整体数字化发展。2012年,国家广播电影电视总局出台了《地面数字电视广播覆盖网发展规划》,这一规划的出台将地面数字电视发展提到了国家战略高度,从顶层设计的高度加快了我国地面数字电视的普及速度。

总的来说,数字技术主要从四个方面来改变有线电视产业的发展:改变了视频与音频信息的处理方式,由模拟转为数字;改进了节目内容的压缩技术;改进了节目内容的存储技术;改变了节目内容的传输方式,实现数字化信号的高质传送(雷一俏,2011)。可见,数字化技术的发展彻底促进了有线电视产业链各个环节的发展,增强了该产业的发展内力。

1.2.2 研究方法

本书系统地运用理论研究和经验研究,并借助定性分析与定量分析方法,对研究问题进行了多角度探讨。主要的研究方法遵循两条主线:一是理论分析,运用演化经济学、区域经济学、产业经济学等理论与方法,梳理了有线电视的产业发展演化过程和产业特性,并将"七力模型"运用到有线电视产业中,并根据该产业发展的实践推导出了有线电视产业的"Logistic动态演化模型";二是实证研究,在对有线电视产业的演化追踪、一般性的产业特性和产业链结构分析之后,展开了定量分析,评价有线电视产业效率并探讨了该产业效率提升的路径机制。基于此,分析了有线电视产业的发展现状和演化进程,提出了中国有线电视产业高质量发展的链式整合模式。在实证分析中,秉持发展演化的视角,结合静态和动态分析:一方面,从某一个实践维度测度我国省际、区域的全要素生产率以及产业解构视角下的产业效率；另一方面，针对某个省际或者区域进行多年的产业发展的动态比较，以期从现实实践数据中探寻有线电视产业未来高质量发展的方向。

1.3 全书内容和结构

随着广播电视与新一代信息技术的不断融合创新，有线电视产业的发展模式、产业组织结构以及产业运营效率等各个方面均发生了重大变化。这使得广大经济学、管理学在内的学者以及行业实践者纷纷借助综合的理论分析框架和现实实践经验来对其进行深入研究。

基于研究背景的阐述和核心概念的梳理，本书将基于演化和效率的视角研究新一代信息技术融合推动下的有线电视产业高质量发展问题。具体内容将依次由如下章节展开论述：第二章是文献综述部分，主要回顾与本书研究内容有着密切关系的理论研究、经验研究以及可持续发展角度的准则性研究等文献，并基于文献综述寻找相关内容中可能的急需推进的研究切入点和空白。第三章和第四章主要探讨有线电视产业的基本演化进程和演化模型，并借助"七力模型"和"Logistic 动态演化模型"，对有线电视的发展形势作出可持续发展的竞争力判断。第五章基于全要素生产率，对多个省市自治区进行动态评价。第六章在第五章的基础上，运用改进的适用于电视产业评价的 DEA 模型，对我国有线电视产业的运行效率进行精确测算。第七章在前面定性和定量分析的基础上，从产业链视角总结链式整合的启发。

具体而言，第二章从五大方面展开研究，为后续四个章节研究提供了基石和方向。第一，从相关的有线电视产业的理论研究出发，分别从产业组织视角和双边市场视角两个维度进行综述，前者又分为有线电视网络内的和网络间的竞合关系的研究，后者则是基于有线电视的特有属性进行产业特性讨论；第二，从数字技术对电视产业发展运行机理的影响着手，综述了数字技术的兴起对有线电视产业的影响；第三，集中梳理了产业发展的评价方法，从效率和全要素生产率两个维度展示了这两个评价方法的来龙去脉；第四，综述了产业评价的经验性研究，虽然有线电视已处于市场化运营的关键时期，但有关其产业发展评价的文献还较少，现有的多是关于广播电视产业或者电视运营商等微观主体的评价，鲜有结合有线电视产业发展特性和组织结构关系来对有线电视产业的整体运营情况进行的评价；第五，基于本书研究导向，分析了现有可持续发展的准则类研究文献，以及借助 DEA 模型展开的可持续发展研究，从而奠定了本书的实证研究及理论拓展的"三重"准则，即经济、社会和环境三个维度的可持续。

第三章对有线电视产业的发展情况做了概要性分析。首先，追踪了有线电视产业的技术演化，指出了不同技术带动下的有线电视发展情况，并就有线电视产业各个时期的主要市场特性和主体行为进行了发展阶段划分；然后，梳理了有线电视产业的产业链特征，相较于模拟时代，有线电视时代具有独特的产业链式结构和产业特性变革；最后，梳理了我国有线电视产业发展的现状，从供给视角分析了电视产业运营商及频道商的发展情况，从需求视角分析了电视产业用户的市场选择，为后文的研究奠定了基础。

第四章探讨了数字技术下的有线电视的可持续发展，指出其不仅受自身发展的模式影响，还受到相近产业的发展制约及推动。随着有线电视产业的法规和技术已平稳度过起步阶段并趋于稳定发展状态，本章重点讨论了有线电视的可持续发展能力。借助"七力模型"综合分析有线电视产业的市场竞争力情况，这七种竞争力量的综合作用决定着整个行业竞争的激烈程度以及"三网融合"进程中有线电视的产业定位，还借助 Logistic 模型指出有线电视产业的发展演化特点。

第五章指出有线电视产业作为广播电视产业的重要组成部分，其发展受制于广电产业的总体发展。当前，有线电视产业的发展已无法简单靠人力和资本等投资以及政策保护来拉动，而是进入了依靠提高全要素生产率的全面竞争新常态。在"三网融合"时期，广播电视产业作为舆论传播的主导产业，已主动或被动地演化为市场化程度较高的文化类内容产业，还需全面提高全要素生产率以引领产业转型升级。该章还借助 Malmquist-DEA 模型，基于中国省际有线电视产业发展实践，以各省份的有线电视为研究对象，测算出全要素生产率变动情况，探求有线电视业全要素生产率变动的时间动态维、空间区域维差异，进一步揭示 2010—2019 年我国有线电视产业效率差异演变的内在规律和机制，以此探究有线电视产业发展的基本市场形态和未来的市场转型之路。

第六章在第五章的基础上，依据有线电视产业的特性和产业链结构关系，结合有线电视产业市场化转型背景下制播能力不足的现状，开展了适应融合媒体制播创新发展的效率评价研究。随着用户地位的提高，产业链中的行动主体不仅仅是竞争与合作关系，更是共生与共赢的关系。"三网融合"生态系统结构的发展将推动有线电视产业走向以"消费者需求"为核心的发展模式。依据有线电视的产业链结构和产业属性,将有线电视产业分为节目内容制作、节目内容传输两大阶段,并考虑用户的网络外部性产业特征,改进了现有的测度模型,提出了含有反馈变量的多时期两阶段 DEA 模型,并设计了解决多重解问题的算法。依托有线电视产业 2017—2019 三年的运作实践,对有线电视产业的各阶段和总系统进行了效率评价。

第七章在前述各章的基础上,从战略视角深入分析了不同演化阶段如何选择合适的链式多维整合模式来实现有线电视产业的高质量发展。最后的第八章总结了全书,并对未来的可能研究进行了展望。

第二章 文献述评

根据本书的研究内容,本章将对国内外主要研究文献进行总结和评述,即有线电视产业的基础理论,包括产业组织视角、双边市场视角、产业演化视角;产业发展评价的方法;产业发展评价的经验研究以及基于可持续发展准则的实证研究等。

2.1 有线电视产业的基础理论

本节将对现有的关于有线电视产业的经典理论文献进行梳理,从产业组织、双边市场、产业演化三个视角分别阐述,以期理清有线电视产业的基本发展框架和分析视角。

2.1.1 产业组织视角

随着技术升级带来相近产业间的融合式发展,关于有线电视的研究多从网络层面展开,关注有线网络内部以及其与电信网络和互联网间的竞合关系及相应福利效应,并基于中国广播电视产业的发展历程来分析产业的演化轨迹及企业的竞争策略。规制研究一直是广电产业发展的热门话题,随着产业发展引发的市场属性的加码,相应的规制及自我规制的研究视角也在发生变化[1]。

一、基于网络间竞合关系的讨论

有线电视网与电信网及互联网之间的竞合关系还需追溯到网络融合的研究。多数研究都是基于"三网融合"这一我国信息产业战略的重要举措为出发点(粟皓等,2016)。三大网络的交融使得有线电视网、电信网以及互联网之间可以提供重叠的市场业务,这一现象彻底改变了原来相互不交叉的垄断市场模式,转变为寡头垄断市场(Xing et al.,2011;刘玉芹 等,2011)。产业组织形态环境改变后,企业的

---

[1] 基于本书将有线电视产业看成是近似市场化发展模式,因此此处不做过多关于规制的研究。

行为以及实施的战略也发生了重大变化(万兴 等,2010),同时相应的规制政策也受到了新市场结构的挑战(胡汉辉 等,2010;胡汉辉 等,2008)。在我国,由于电信网相较于有线电视网更早取得了交叉运作的政策许可,再加上电信网的全国竞争格局早已形成,因此基于电信产业发展的网络融合视角的产业组织层面的研究起步较早(刘玉芹 等,2011;Li et al.,2002;刘立,2006;乔均 等,2007),而关于有线电视网的相关研究则相对较晚兴起。

顾成彦等(2008b)基于欧美的反垄断诉讼现象评述了捆绑销售理论,比较了不同市场结构下的捆绑销售策略。此后,顾成彦等(2008c)依托上海市"三网融合"的现实发展情况,基于电信运营商与有线电视运营商,建立了捆绑销售竞争模型,以此分析了有线电视运营商与电信运营商之间的交叉渗透与相互融合问题。实证结果显示,电信运营商在捆绑了三项业务后可以形成有效的价格竞争力以逼停仅捆绑了两项业务的有线运营商,同时也给出了有线运营商需不断提高自身产品差异化来提高价格和利润水平的发展建议。捆绑业务形成的范围经济提高了网络运营商的运营效率,反过来又进一步促进了网络运营商之间的融合。杨煜等(2012b)基于"三网融合"的中国实践,以有线网为对象,借助博弈论比较分析了其与电信网以及互联网的横向竞争与融合规制,在此基础上以经验研究与案例分析来做进一步检验。研究指出,有线网络运营商若要进入互联网市场,还需升级网络基础设施,在与电信运营商竞争时,有线网络运营商需从服务竞争转向设施竞争。裴丹等(2021)指出,在数字经济时代,作为产业融合基础的数字网络基础设施的建设成效,决定着我国产业发展的基础能力。在"三网融合"背景下,当政策部门规定网络信息基础设施只能通过租赁实现资源共享时,在位者企业的最优投资规模低于非资源共享的情形。最优投资规模与租赁价格呈反向关系,即租赁价格的提高会导致最优投资规模下降,进一步反映为创新效率的损失。

二、基于有线网络内的竞合关系的讨论

首先回顾电信行业的相关研究,刘玉芹等(2011)的研究较有代表性。其研究对象是针对电信产业的,但是这一基于电信产业中观层面——产业链的研究,同样适用于同处于"三网融合"背景下的有线电视产业。其在文中指出,在"三网融合"的市场背景下,电信产业呈现出新的产业链形态,并由此引发了新的市场结构特征和市场竞争策略。基于产业链分解和重组,研究指出"三网融合"深化和扩展了电信横向产业链,同时形成了基于双边市场理论和新型商业模式的电信侧向产业链,最后交织成了纵向、横向和侧向三个维度的"米"字形网状化产业链结构。这种产业结构的变化,借助产业融合增强了电信产业的竞争性,并借助网络外部性特征增强了电信产业的垄断性。这两种相制约相伴随的效应共同形成了电信产业"三网融合"时期特有的竞争性垄断市场结构。这一特殊的市场结构也促使电信运营商在市场运作过程中实行复合的产业链竞争策略。最后指出,伴随着电信产业的网状化产业链结构的形成以及"三网融合"的不断推进,广电产业和互联网产业也会逐渐形成类似于电信产业的网状化产业链结构,届时三大网络将会通过复杂的产业网络实现交叉竞争。

万兴(2013a)指出,网络融合引发的产业结构解构重组形成的网络间业务重叠,为数字电视产业内部的竞合形态带来了众多变化。从中观产业链的视角来看,可以将产业链间的众多重组和分拆归纳为横向产业链的拓展、纵向产业链的重组以及产业网络的交叉重构。种种竞合形态的变化使得网络融合前,企业惯用的发展战略及其运营模式已经不再能指导数字电视产业的发展。这就要求市场运营主体需面向价值网而非单纯的价值链来不断更新企业发展战略,可综合使用差异化战略、成本领先战略以及聚焦战略,同时还可以借助对角化战略实现交叉进入,以合理布局自身的价值网并增强自身的产业发展机遇。Crawford等(2007)借助模拟数据分析了有线电视产业中捆绑、产品组合以及效率之间的关系,并进一步分析了由此引发的福利效应问题。相应研究结论显示:对比"菜单销售"和"捆绑销售"两种模式,消费者在前者环境下获得了更高的福利水平,但这种"菜单销售"模式会降低企业自身的利润并有可能促使企业退出有线电视市场;而后者可以为企业带来中等水平的利润,但消费者获得的福利要相对较低。万兴等(2009b)指出,运营商在将模拟电视信号转换为数字电视信号时,消费者及频道商的总体社会福利都受到很大影响。基于中国模拟电视信号向数字电视信号转换中所遇到的种种问题,运用双边市场基本理论和模型对比了垄断和竞争模式两种情形下的数字电视信号转换的市场绩效。讨论了转换后的数字电视市场引入竞争增强市场活力的必要性,并为实际运作提出了两大建议:依托"三网融合"这一国家战略推动中国数字电视的整体转换,以及在打破"三网融合"的行政垄断过程中不断实施产业发展的中微观政策来保证数字电视整体转换的顺利进行。如:推进数字电视产业链各段运营主体的市场化体制改革,合理配置产业价值链并推进产业之间的合作。杨煜等(2013)以动态视角分析了有线电视产业中服务竞争和设施竞争不同阶段的市场竞争状态,对现实数据进行描述性统计并借助计量模型验证了率先实施融合业务的有线电视运营商的市场势力要比后实施融合业务的有线电视运营商更大。闫雪凌等(2020)指出,主流卫视的产品决策呈现"以我为主、兼顾对手"模式,主流卫视在发展中以历史决策主导当期决策,但网内的竞争又使其不得不考虑市场竞争格局对自身的影响。竞争压力对主流卫视的领先者有着负向挤出效应,而对追赶者则呈现正向溢出效应,这与主流卫视收视差距变小的现实情况是吻合的。可见,中国观众的收视行为存在羊群效应:随着主流卫视间运营策略的日益趋同,整体收视率也在提高。

随着有线电视产业的发展,相应的产业政策急需完善和改进,因此这一主题也成为一大研究课题。杨煜等(2012b)基于政府职能再造理论及已有的实践经验,梳理出西方政府职能再造的演化理论模式:从制度型再造演化到业务型再造的发展转变。以英国和美国两国的有线电视部门为例,以其典型产业案例为分析对象,深入挖掘了政府职能再造的演化机制本质以及其和政府职能转变之间的关系。从横向和纵向的动态系统视角回顾两国政府职能转变的历程,并结合我国有线电视产业部门和规制机构再造的现状、所处阶段及未来发展方向,进行了政策应用分析。万兴(2012)则对中英两国的数字电视转换政策进行了比较。基于数字电视转换的启动协调机制、平台选择和配置以及产业融合推进过程等方面的比较结果,针对性地提出了中国数字电视产业发展的政策建议。中国数字电视转换的模式是地方政府支持下,由地方有线运营商主导的模拟电视信号向数字电视信号的整体转换。而英国数字电视转换的模式为政府主导的免费电视与运营商主导的市场运营的付费电视并行的多平台同时数字化。基于实际的发展对比,对我国数字化转换进程提出了以下针对性的政策建议:第一,除现有的有线电视数字化转换外,应同时伴随着发展卫星数字化、无线数字化以及 IPTV 数字化等多种形式并存的数字电视。第二,为推进有线电视的市场化发展以及提高网络资源的使用效率,应鼓励有线电视的跨区域整合。在保证电视产业的文化特征,即政府对电视内容的有效控制的同时,逐步解除有线运营商与地方政府的长期依附关系,以释放其市场活力。第三,建立一个全国层面的日常运营机构,以整体运作数字电视转换行动。杨煜(2012a)基于"三网融合"时期的中国实践,指出有线网络要想增强自身竞争能力,还需组建国家级有线运营商,并以此作为有线网参与"三网融合"的市场主体。与此同时,有线电视规制机构还需进行相应的政策改革。

2.1.2 双边市场视角

基于银行卡市场的双边市场研究是平台理论研究的起源(Braxter,1983)。此后,较多学者对平台经济学做了开创性研究(Schmalensee,1989;Caillaud et al.,2003;Chakravorti et al.,2006;Armstrong et al.,2007;Schmalensee et al.,2007;Eisenmann et al.,2011)。

"双边市场"指的是在某一市场中买方和卖方(双边用户)的市场活动是借助"平台"来实现的。平台作为中介方,为两边的用户交换产品或服务,并通过向两边用户制定不同的价格来获取利润。

基于已有经典文献(Arthur,1989;Gawer et al.,2002;Caillaud et al.,2003;Evans,2003;徐晋 等,2006),可以对双边市场的发展阶段进行梳理,并分析各个阶段的主要发展目标:第一,平台初建期的主要目标是召集双边用户。用户是平台生存的先决条件,平台的收费机制及定价机制都是要以保证双边用户存在为前提。在平台的初建期,需权衡平台两边用户的收益,以调动双方参与平台的积极性。第二,平台发展期的发展目标是基于平台初建期的目标之上的,在不断优化平台收费结构及价格机构的基础上,更好地平衡双边用户的福利收益。第三,平台成熟期的发展目标是不断扩大平台的交易规模,在不断调试中追加投资,在市场进入策略实施一段时间后,不断扩大平台交易规模。平台发展过程的显著特征就是平台的外部性,Chakravorti 等(2006)和 Evans(2003)将外部性基于平台的不同发展阶段分为用户外部性和用途外部性,前者的含义是双边用户会因为另一方用户基数的增加而获得更多收益,后者的含义是当平台上的交易和互动的次数增加时,每个用户都会从中受益(图 2-1)。

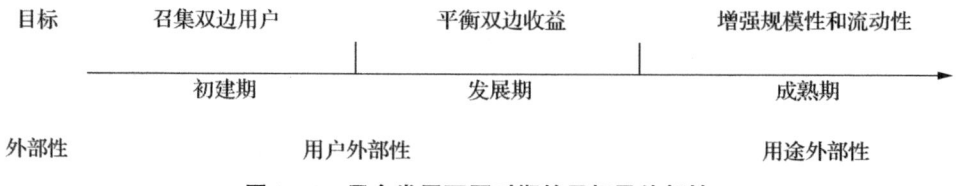

图 2-1 平台发展不同时期的目标及外部性

随着有线电视的市场属性不断增强以及平台理论的发展,有学者开始从平台的角度系统地分析有线电视产业的发展情况(Chen et al.,2007;Clements et al.,2006)。在网络性产业融合的背景下,企业之间的竞合关系往往以平台竞争或价值网络竞争的形式表现出来。在平台相互竞争的过程中,服务于不同网络市场的平台提供者通常使用相同的技术元素,并依托于重叠的用户基础(顾成彦 等,2008d)。顾永红等(2012)基于当时有线数字电视的市场结构和运作环境,构建了三阶段博弈模型,分析了双边市场是如何协调有线电视频道商和有线电视传输商的共同利润。吕魁(2009)基于双边市场理论建立 Hotelling 竞争模型,分析了双寡头垄断市场结构下有线电视运营商对频道商和用户的网络接入定价模型。基于建立的扩展两维 Hotelling 模型,分析了范围经济和转换成本对有线电视产业中多产品捆绑销售竞争市场均衡的影响,并比较了捆绑销售和线性定价两种模式下的公司利润和社会福利的差异。万兴等(2013b)基于对信息产品纵向质量差异的共识,借助抽象函数建立了纵向差异化的双边市场一般模型,并利用该模型分别讨论了垄断与双寡头情形下的市场均衡情况。进一步分析了在双寡头情形下价格变动所引发的战略效应,并在均匀分布的假设下,分析了网络外部性参数与质量差距变量的设定对市场均衡时产品价格与运营商利润的影响。研究指出,双寡头平台相较于垄断平台,在协调双边市场价格结构层面的能力较弱;双寡头平台的竞争呈现出各参与者强者更强的结果,同时模型结果显示出在战略互补效应方面,上游市场要低于下游市场。万兴(2009a)指出,在网络性产业融合的背景下,企业之间的竞合关系往往以平台竞争或价值网络竞争的形式表现出来。Gabszewicz 等(2004)基于改进的水平差异化模型,分析了频道平台之间的竞争。研究指出,由于电视观众不能像报纸读者那样轻松过滤掉广告,导致广告的负外部性引发内容差异的放大。朱振中等(2007)研究了媒体平台之间的相互替代程度对双边市场的竞争程度和市场绩效的影响,指出当媒体平台间的替代性强时,媒体平台在价格机制制定的过程中会采取向观众倾斜的战略。Bel 等(2007)研究发现,广告商与观众之间不对称的交叉网络外部性(一正一负)会影响独立节目提供商接入平台的机会成本。由于平台的功能多样化和可替代性造成了平台市场的多属性行为。万兴等(2010)研究了网络运营商在价格竞争和价格制定过程中的频道商多属程度。研究结果显示,随着频道商多属程度的增加,频道商接入各个平台间的价格差距将被放大,而观众接入多个平台间的价格差距被缩小。

已有研究多以电视产业的参与主体为研究对象,如广告商、电视台(电视运营商)、节目提供商等,但将这些对象集合起来视作一个具有典型产业特性的产业来整体分析的文献还较少。此外,现有的关于电视产业平台属性的研究多基于免费电视模式,而较少关注付费电视模式(卢远瞩 等,2015)。随着有线电视数字化的推进以及电视产业市场属性的不断增强,广告收入已经不能有力支撑电视产业的可持续发展,因此基于付费电视的发展模式将成为有线电视数字化时代的转变方向。

总之,随着数字技术的发展以及"三网融合"战略的实质性推进,上述研究结论及政策建议已被部分甚至全部验证。本书的相关研究旨在从已有的最新理论出发并结合有关的运营实践,让"数字自己说话",以实现理论与现实相互验证后的再度发声。基于产业组织和双边市场理论的实质,本书针对有线电视产业的产业特性、产业链结构以及用户外部性等典型属性进行了理论研究,并展开了相应的实证分析。

2.1.3 产业演化视角

有线电视发展演化的动因是全方位的,是信息技术、经济水平、社会认知、政治导向和文化需求等因素的综合反映。已有研究将这种媒介产业发展的动力总结为"可感知的需求、竞争和政治压力以及社会和技术革新"(Fidler,1997)。在众多推动因素中,数字技术是有线电视产业发展的根本动力。在我国长期区域分割的背景下,数字技术扮演着有线电视产业跨区域整合的主要驱动力(雷一俏,2011)。数字技术的发展,为有线电视产业的发展带来众多变化,为内容的制作、内容的传输、用户行为以及市场化运营等方方面面提供了良好的技术支持,并为相关的资源利用提供了科学化方向。数字技术应用于有线电视产业,主要从四个方面优化其产业发展:视频与音频信息的数字化处理、节目内容压缩技术的改进、节目内容存储技术的改进以及节目内容的数字化传送(雷一俏,2011)。数字技术的发展,大大提高了有线电视产业的生产能力,其制作出的节目内容的质量和效果也得到了极大改善。数字技术使得有线电视产业与互联网推动的多媒体产业在技术发展和节目内容上可以实现完美对接(雷一俏,2011)。可见,数字化技术的发展彻底优化了有线电视产业链的各个阶段(罗志利,2002)。数字技术的出现,丰富了节目内容的传输渠道,提高了传输效率,并使得交互式传播成为可能,实现了传输方和接受方基于内容的互动响应;在不断的内容传输运营过程中,丰富了节目内容,提升了服务水平,使得内容个性化定制成为可能;与此同时,用户收视时空的限制得以解除,用户的地位由被动接受变为主动筛选。数字技术的出现,还为有线电视的发展带来了众多电视终端技术,如移动电视、网络电视、交互电视以及 3D 电视等(龚文英,2013)。此外,数字技术与现代互联网技术共同革新了有线电视产业的市场运营手段。运营商可以借助网络、手机等多种终端调查统计用户体验,及时捕捉用户的消费需求,并为后期的节目内容制作、内容传输甚至是运营战略的制定提供参考(Wei et al.,2009;雷一俏,2011;王江,2014)。

数字化技术的出现对有线电视的发展既是一个发展机遇,又是一次严峻挑战。数字化技术彻底改变了有线电视产业的业务内容和业务流程,并在实际运转中不断完善了有线电视的管理措施和服务手段,从硬件设施到软性管理全面提高了有线电视的生产效率和可持续发展能力,进一步开拓了有线电视的服务范围和发展潜力,推动有线电视从传统媒体的垄断格局迈向现代媒体的竞争架构。程鹏等(2019)指出,技术和需求是电视产业创新进步的两个重要来源。在中国电视机产品的发展过程中,从彩色 CRT 电视机对黑白电视机的替代、平板电视机对彩色 CRT 电视机的替代、液晶电视机对等离子电视机的替代,这三次成功市场替代,以及背投电视机对彩色 CRT 电视机的一次失败市场替代,发现消费者价值主张驱使技术性能的持续提升,以及价格与技术性能提升的协同构成了需求演化的两个方面。通过需求结构的技术性能和价格曲线,可以绘制出技术范式限定下的需求演化轨迹。需求轨迹是由技术性能轨迹和价格轨迹共同作用而成的。数字化技术和当前社会用户需求的变迁重构了有线电视产业的产业链和用户信息流的走向。后文相关的理论研究和实证分析将突破以往的分析框架,在考虑数字化技术这一关键要素后,展开创新研究。

2.2 产业发展评价的方法

本节将对效率的定义与分类、效率的评价方法、生产率的定义与分类以及评价方法做一个较系统、全面的介绍,这部分的内容将作为后文实证研究的基础。

2.2.1 效率的定义与分类

效率最初是物理学与工程学的概念,往往是和生产率联系在一起的,是指单位时间里完成的工作量。随着学科的发展和相关研究方法的丰富,这一概念逐渐延伸到管理学领域,主要是指投入与产出的关系,即如何使利用资源最大化。具体而言,是指在既定的投入资源下实现产出的最大化,或者是在既定的产出下寻求资源投入的最小化。

Charnes等(1978)基于帕累托效率的思想,分别从投入与产出两个角度给予了效率一个精确的解释。从投入角度来看,除非增加某一个投入项或者减少其他类产出项的产量,否则无法增加某一类产出项的产量;从产出角度来看,除非减少产量或增加其他投入项的投入,否则某一投入项无法被减少。也就是说,无法在不损害其他人的情况下使某些人改善状态。从投入角度来说,若某生产单位在现有的生产技术支撑下,基于一定的生产投入要素能生产出最大的产出,则该生产单位的生产行为具有经济意义上的生产效率,否则,则是生产无效率的。

从经济学的角度来讲,即某一经济主体的生产在保证不会使其他生产主体境况变坏的原则下,不再有可能使得任何经济生产主体的经济福利有所提高的话,那么这个经济主体的生产活动就被定义为有效率的。相反,如果生产过程中因为生产约束导致"无法遏制的市场垄断结构""无人认领的污染产出""公共资源被破坏"等后果,那么这项经济活动的产出多半是少于经济有效时所能生产的物品,这时被称为相对无效率的。从管理学角度来讲,效率是指某一生产周期内,某一生产组织的各种产出要素与各种投入要素之间的比率关系。这一表达式也体现了效率与投入之间的反比关系,以及效率与产出之间的正比关系。

Farrell(1957)在Debreu(1951)等研究的基础上,提出了对多种投入要素的企业效率的简单测算方法。将效率分为两类,一类是将实际投入转换为产出的技术效率(Technical Efficiency,TE),另一类是投入要素之间的关系,在既定要素价格的情况下要素之间的配比关系,即配置效率(Allocative Efficiency,AE)。

(1) 技术效率(TE)

技术效率的概念最早是由Farrell(1957)提出来的。Farrell从投入的角度解释了技术效率的含义,即技术效率是指在相同的产出下,生产单元理想的最小投入与实际投入的比率。当技术效率值为1时,表示该生产单元是技术效率有效的,此时该生产单元没有等比例缩减量可再减少;而当技术效率值小于1时,则表示该组织未达到技术效率有效,此时它还有投入缩减量可再减少,说明在其生产投入资源中有一部分没有被合理利用,未能产生最大经济效益。此后,Leibenstein(1966)从产出角度解释了技术效率的含义,指出技术效率是指在既定的投入下,生产单元实际产出与理想的最大产出的比率。

(2) 配置效率(AE)

Leibenstein(1966)定义配置效率是在既定生产要素价格水平一定的情况下,在各个要素之间合理配置使得成本降至最小可能水平的能力。在产出水平固定的情况下,通过调节要素投入比例以达到成本最小化,从而实现最佳生产水平。

(3) 总经济效率(Total Economical Efficiency, TEE)

总经济效率是指在目前的生产水平下,给定投入项的要素价格,最小成本占实际投入要素成本的比值。总经济效率等于技术效率与配置效率的乘积,即

$$TEE = TE \times AE$$

Coelli(1996)和Coelli等(1998)借助图示方法对技术效率和规模效率的关系给予了直观表示,以两种投入(X_1和X_2)和一种产出(q)的情形为例:

图2-2中的SS'表示全效率生产单元的单位等产量线,用于测量技术效率。若一个给定的生产单元以P点的投入量来生产一个单位的产出,那么这个生产单元的非技术效率可用QP来表示,即在产出固定的情况下是可以同比例减少投入量的,该减少的比例为QP/OP。则,该生产单元的技术效率(TE)可以表示为:

$$TE = OQ/OP = (1 - QP)/OP$$

从图示可见,技术效率的取值范围为0—1,不同的取值表示了某个生产单元的技术效率。如果技术效率取值为1,就说明该生产单元是技术效率有效的,等产量曲线上的点就是一个技术效率有效的点。

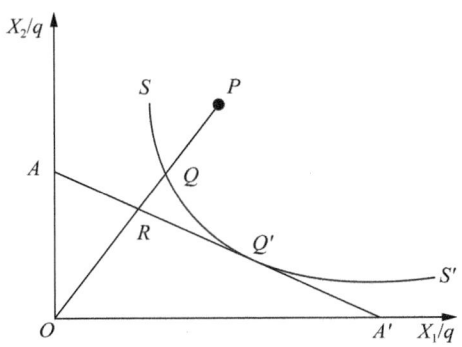

图2-2 技术效率和配置效率

配置效率(AE)的测量也可以借助等成本线来计算:

$$AE = OR/OQ$$

可见,距离段RQ表示如果生产发生在满足配置效率和技术效率的点上的生

产成本可以减少的量。也就是说,Q 点能满足技术效率但不能满足配置效率,而在 Q' 点则可以既满足技术效率又可以满足配置效率。

配置效率与技术效率最大的不同在于,配置效率是在产出固定的条件下,以最经济、成本最低的组合来生产,而技术效率是在固定的投入要素组合下,产出最大化的能力。

同时,总经济效率等于技术效率和配置效率的乘积,即:

$$TE \times AE = (OQ/OP) \times (OR/OQ) = OR/OP = TEE$$

若放松规模报酬不变的假设,可将技术效率进一步分解为纯技术效率和规模效率。

(4) 纯技术效率(Pure Technical Efficiency,PTE)

纯技术效率是指在规模报酬可变的情况下,被考察的生产单元与生产前沿面之间的距离。

(5) 规模效率(Scale Efficiency,SE)

规模效率是指在规模报酬不变的情况下,生产前沿面与规模报酬可变时的生产前沿面之间的距离。

此处借助图 2-3 单投入单产出来说明,一个基于规模报酬可变的生产情形。VRS(规模报酬可变)边界上的 A、B、C 三个生产单元均为技术有效点,但三者的斜率是不同的。其中,A 点是处于规模报酬递增阶段,可以通过不断增加生产规模趋近 B 点;B 点处于规模报酬不变的状态,无法通过生产规模的调整来提高生产率;同样 C 点处于规模报酬递减阶段,此时还需缩减生产规模以不断趋近 B 点。

以 D 点为例,D 点为一技术无效率的点,其可向 E 点移动来削减技术无效程度,再进一步向 B 点移动以削减规模无效程度。

D 点的 VRS 情况下的纯技术效率可以表示为:

$$PTE_{VRS} = GF/GD$$

D 点的 VRS 情况下的技术效率可以表示为:

$$TE_{VRS} = GE/GD$$

通过计算 D 点到 CRS(规模报酬不变)技术有效界面的距离可以计算其在 CRS 情况下的技术效率,表示为:

$$TE_{CRS} = GF/GD$$

因此,D 点的规模效率表示为:

$$SE = TE_{CRS}/TE_{VRS} = (GF/GD)/(GE/GD) = GF/GE$$

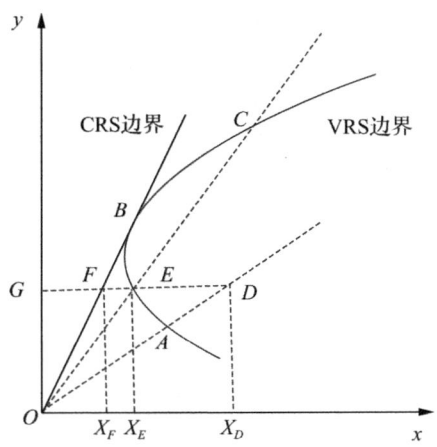

图 2-3 纯技术效率与规模效率

2.2.2 效率的评价方法

效率分析的核心是基于实际生产单元的观测数据,依托一定的计算技术与相应的测度实现方法,求得效率值。效率分析的方法大致可以分为四类:综合指数分析法、模糊综合评价法、投入产出法以及前沿分析法(张锐,2014)。综合指数分析法采用基于科学系统的指标加权平均,以获得综合指数来反映效率大小;模糊综合评价法是一种基于模糊数学的评价方法,依据模数数学的隶属理论将定性评价定量化处理,但是综合指数分析法和模糊综合评价法的共同缺点是都存在着不可避免的主观性。投入产出法是在投入产出表的基础上,通过分析各个部门的投入产出关系来计算的一种评价方法,但因其编制复杂、结果滞后严重等缺点,其推广性有限。

现有较多文献基于生产前沿面来做效率评价分析的。基于生产前沿面的效率评价流程一般是基于多个可比的实际生产单元的投入和产出数据来构造生产可能集,并构造出生产前沿面,依据各个生产单元与生产前沿面的距离来求得技术效率,其完全依据前沿生产函数(葛虹 等,2008;王之远,2006)。基于前沿生产函数的前沿分析方法是研究评价主体效率的基本方法,根据视角的不同可以分为投入导向和产出导向。依据不同的假设条件,又衍生出两种基本的分析方法:参数法和非参数法。

(1) 参数法

参数法是基于严格的含有参数的最佳行为边界函数,以生产单元的规模效率等为分析对象,估计生产边界函数中的参数。参数法有三种:随机前沿法(Stochastic Frontier Approach,SFA)、自由分布法(Distribution Free Approach,DFA)和厚前沿方法(Thick Frontier Approach,TFA)。随机前沿法需要事先确定成本、利润的函数形式,或者投入、产出和环境变量之间的生产关系,并且这种生产关系还需考虑随着时间变化的效率、成本以及产量函数关系(Aigner et al.,1977;Førsund et al.,1980)。

自由分布法因其同样属于参数评价法,也需要事先估计前沿生产函数,但其假设各个生产单元在一定的时间期间里的效率是稳定的,并且随机误差的均值趋于0(Iman et al.,1982)。

厚前沿方法同样是基于事先定义的前沿生产函数,并且事先预定了效率值的范围,若计算得到的效率值偏离了预定效率值的上下限,则定义为随机误差(Wagenvoort et al.,1999)。参数法因其需要事先确定包含参数的函数而存在一定的主观性,这一局限性使其在推广和应用中受到了制约。

(2) 非参数法

非参数方法是基于 Varian(1984)和 Farrell(1957)的研究发展起来的。该方法依据所有样本的投入和产出实际观测数据,构造包含所有样本生产模式的最小生产可能性前沿。在投入导向下,依据各个生产单元生产能力可以实现的条件,比较在确定产出量的基础上该生产单元的投入与相应的生产可能性前沿面上的投入量,测算其投入节余空间。若这个节余空间越大,则该生产单元的效率取值就越小;反之,若这个节余空间越小,则该生产单元的效率取值就越大。非参数前沿分析方法主要有:数据包络分析、无边界分析法。

数据包络分析(Data Envelopment Analysis,DEA)。数据包络分析是一种典型的线性规划方法,依据所有生产单元实际观测值的坐标轴位置,连接所有最佳观测点构造出的分段曲线边界,依据自身的投入产出来求得相应的比率(Charnes et al.,1978)。详细论述参见 2.3.3 节。

无边界分析法(Free Disposal Hull,FDH)。FDH 是 DEA 方法的一个特例,其前沿面位于 DEA 方法形成的前沿面内部或者相吻合,因此 FDH 得出的效率值一般大于等于 DEA 方法计算获得的效率值(De Borger et al.,1998)。

与参数方法相比,非参数方法无需事先指定生产函数的具体形式,该方法在实际研究及应用中受到的约束较少,可以规避主观因素的影响。同时,各个生产单元不仅可以与生产边界上的生产单元相比得出各个投入资源的利用效率,还可以指出生产单元不同投入要素的使用效率的好坏,从而获得不同生产要素的改进路径,进而获得全面的生产单元的效率评价。

2.2.3 DEA 模型

数据包络分析是一种由运筹学、管理学、数理经济学等多种学科交叉形成的非参数评价方法,主要用于评价具有多个输入指标和多个产出指标的一系列同质的决策单元的相对效率(魏权龄,2000;杨锋,2006)。该模型的思想萌芽于 Farrell(1957),之后有学者将生产率和效率的概念扩展到了生产效率(杨国梁 等,2013)。Charnes 等(1978)正式提出了第一个 DEA 模型——CCR-DEA 模型。中国学者从 1986 年开始关注数据包络分析模型,经济学家魏权龄于 1988 年出版了 DEA 的第一本中文专著——《评价相对有效性的 DEA 方法——运筹学的新领域》。最初的 DEA 方法是基于数学规划模型来评价具有多维投入变量和多维产出变量结构的决策单元之间的相对效率,其是一种基于数据的绩效评价和改进的工具。随着经济社会的发展,DEA 模型在其理论发展和现实应用的倒逼下,也衍生出了众多改进的 DEA 模型。根据 Emrouznejad 等(2018)的统计,1978—2016 年收录于 Scopus 的 DEA 相关的研究成果呈指数增长,累计总数已超过一万篇,参与相关研究的学者已超 1 万余人。

作为一种非参数方法,DEA 与其他方法相比的主要优势在于无需提前假设生产函数并估计相关参数,根据原始输入和输出数据便可得到相对客观且具实际意义的评价结果(Cook et al.,2009)。DEA 模型包含若干关键要素,不同的关键要素决定了模型的不同形态和关注点(杨国梁 等,2013)。关键要素及相应的 DEA 模型可以分为以下几类:(1)生产可能集(Production Possibility Set,PPS):生产可能集可以设定为规模报酬不变(CRS)、规模报酬可变(VRS)、规模报酬非递增(Non-Increasing Returns to Scale,NIRS)以及规模报酬非递减(Non-Decreasing Returns to Scale,NDRS)等。相应的 DEA 模型分为基于规模报酬不变的 CCR-DEA 模型(Charnes et al.,1978)、基于规模报酬可变的 BCC-DEA 模型(Banker et al.,1984)、加入几何凸性约束的 Cobb-Douglas 型 DEA 模型(Banker et al.,

1986a)以及规模报酬非递增的 NIRS(Färe et al.,1985)和规模报酬非递减的 NDRS 模型(Färe et al.,1994)。(2)测度(Measure):测度是指在给定的偏好基础上,评价一组决策单元效率好坏的标杆,包括径向测度(Radial Measure)、非径向测度(Non-Radial Measure)、Russell 测度等。相应的 DEA 模型分为 Russell 测算模型(Färe et al.,1978;Pastor et al.,1999)、加性模型(Charnes et al.,1985;Sueyoshi,1990;Chang et al.,1991;Green et al.,1997)、SBM 模型(Tone,2001)以及 RAM 模型(Cooper et al.,1999)等。(3)偏好:常用的偏好有帕累托偏好(Pareto Preference)、平均偏好(Average Preference)、矩阵偏好(Matrix Preference)等。基于不同偏好,DEA 模型分为权重约束模型(Allen et al.,1997;Roll et al.,1991;Dyson et al.,1998;Cooper et al.,2006;Cook et al.,2000;Cook et al.,2008)、锥比例约束模型(Charnes et al.,1990)等。(4)变量的类型:单元的投入产出数据可以有不同的类型,例如非任意变化变量(Non-Arbitrarily Variable)、不可控变量(Uncontrollable Variable)、有界变量(Bounded Variable)、负向变量(Negative Variable)等。基于变量类型可将 DEA 模型分为存在非任意变化变量的 NDV-DEA 模型(Banker et al.,1986b)、存在不可控变量的 NCV-DEA 模型、存在有界变量的 BND-DEA 模型(Cooper et al.,2000)、存在负向变量的 UV-DEA 模型(Seiford et al.,2002;Färe et al.,2004)、序数变量 DEA 模型(Cook et al.,1993;1996)、无明确投入的 DEA 模型(Thanassoulis et al.,1996;Despotis,2005;Liu et al.,2011;Yang et al.,2014)以及决策单元之间存在类别的 DEA 模型(Banker et al.,1996;Löber et al.,2010)。(5)问题的层次:基于决策单元的实际生产过程或经济活动过程,将其运作分为多个层次,有串联的结构(Series Structure)、并联的结构(Parallel Structure)以及串并联混合结构(Series and Parallel Hybrid Structure)。相应的 DEA 模型分为两阶段 DEA 模型(Seiford et al.,1999a;Kao et al.,2008a;Chen et al.,2009b;Wang et al.,2010)、网络 DEA 模型(Cook et al.,2010b;Hsieh et al.,2010)以及层次 DEA 模型(Meng et al.,2008;Cook,1998;Cook et al.,2005)。(6)数据是否确定(Explicit or Not):相应的数据是确定或不完全确定的。

此外,还有超效率 DEA 模型(Anderson et al.,2002;Tone,2002;Rousseau et al.,1995;Seiford et al.,1998)、交叉效率(Sexton et al.,1986;Doyle et al.,1994;Wang et al.,2011;Liang et al.,2008a)以及二阶 DEA 模型(Yang et al.,

2014;Kuosmanen et al.,2001)等。

伴随着 DEA 模型的发展,其在经济社会各生产生活领域的决策分析中也提供了重要的决策依据,尤其在绩效评价、资源配置、生产规划等方面。有关 DEA 模型的理论拓展和评价应用仍在不断拓展。科技进步以及组织变革引发了社会生产生活方式的改变,现有的 DEA 模型还需理论创新以适应新的应用场景(Song et al.,2018;张宏军 等,2018)。

(1) DEA 模型的基本元素

首先,借助基本的经济理论和生产理论,明确 DEA 方法涉及的各个术语的基本内涵:

① 决策单元(Decision Making Unit,DMU)

任何一个经济系统或是生产过程都可以看成是一个生产主体在一定的生产能力下,通过投入一定数量的生产要素(常被称作"投入"或者"输入")来产出一定数量的"产品"(常被称作"产出"或者"输出")的过程。这些过程是不同的形态,但是都基于"效益最大化"的理性决策目标。这样的生产主体就称作"决策单元"。

一般来说,一个 DMU 的效率大小还需和多个类似同类型的 DMU 横向比较才相对有效。而这些 DMU 还需具有三个特征才能称为同类型(盛昭瀚 等,1996):

A. 具有相同的目标和任务;

B. 具有相同的外部环境;

C. 具有相同的输入和输出指标。

当这些决策单元满足上述的三个要求时,就可认为这些 DMU 之间是可以相互比较的(Comparable)或同质的(Homogeneous)(Bowlin,1998)。随着 DEA 模型的发展,很多非同质的 DMU 也可经过模型改进或者数据处理转化为同质性 DMU (Li et al.,2016)。

随着 DEA 模型的不断拓展以及广泛的应用(Cook et al.,2009;Cooper et al.,2004),决策单元的种类也变得越来越多样化,包括政府部门、企业、高等院校、社会公共组织、医疗机构等,既可以是这些机构组织间的比较,也可以是这些机构组织内部的多个子单元之间的比较。

② 生产可能集(Production Possibility Set,PPS)

假设有 n 个独立的决策单元 $DMU_j(j=1,2,\cdots,n)$ 作为决策集,每个 DMU_j 投入 m 种生产资源来生产 s 种最终产品,定义该决策集为:

$$T=\{(X_1,Y_1),(X_2,Y_2),\cdots,(X_n,Y_n)\}$$

T 被称为所有可能的生产活动构成的生产可能集合。

同时,每个 DMU_j 对应的输入、输出向量分别为:

$$\boldsymbol{x}_j=(x_{1j},x_{2j},\cdots,x_{mj})^T$$
$$\boldsymbol{y}_j=(y_{1j},y_{2j},\cdots,y_{sj})^T$$

其中,x_{ij} 是 DMU_j 的第 i 种投入的数值,y_{rj} 是 DMU_j 的第 r 种产出的数值;v_i 为 DMU_j 的第 i 种投入的权重,u_r 为 DMU_j 的第 r 种产出的权重,$i=1,2,\cdots,m;j=1,2,\cdots,n;r=1,2,\cdots,s$,相应的权重向量也可记为:

$$\boldsymbol{v}=(v_1,v_2,\cdots,v_m)^T$$
$$\boldsymbol{u}=(u_1,u_2,\cdots,u_s)^T$$

根据实际情况和研究问题的需要,一般业界共识认为生产可能集满足以下四条公理:

A. 凸性:对任意的 $(x,y)\in T$ 和 $(x',y')\in T$,以及 $\mu\in[0,1]$,有

$$\mu(x,y)+(1-\mu)(x',y')\in T$$

即如果以 x 的 μ 倍和 x' 的 $(1-\mu)$ 倍之和作为新的投入,则可以得出 y 的 μ 倍和 y' 的 $(1-\mu)$ 倍之和的新产出。凸性的成立表明该生产可能集 T 是一个凸集。

B. 锥性:若 $(x,y)\in T$ 及 $k\geqslant 0$,则

$$k(x,y)=(kx,ky)\in T$$

即表明若以原来的生产可能集中的投入的 k 倍作为新的投入,将可以得到原来相应产出的 k 倍的产出。

C. 无效性:设 $(x,y)\in T$,若 $x'\geqslant x$,则 $(x',y)\in T$,
若 $y'\leqslant y$,则 $(x,y')\in T$,

即说明在原来生产活动的基础上增加投入或者减少产出进行生产是可以实现的。

D. 最小性:生产可能集 T 是满足上述凸性、锥性以及无效性的交集。

在满足上述四个假设的前提下,对已有的观察生产单元 $(x_i,y_j)(j=1,2,\cdots,n)$,可以得到:

$$T=\left\{(x,y)\,\bigg|\,k\sum_{j=1}^n\mu_jx_j\leqslant x,k\sum_{j=1}^n\mu_jy_j\geqslant y,\mu_j\geqslant 0,\sum_{j=1}^n\mu_j=1,k>0\right\}$$

若令 $k\mu_j=\lambda_j,j=1,2,\cdots,n$,则上式变为:

$$T=\left\{(x,y)\,\bigg|\,\sum_{j=1}^n\lambda_jx_j\leqslant x,\sum_{j=1}^n\lambda_jy_j\geqslant y,\lambda_j\geqslant 0\right\}$$

若去掉假设 B,同时加上 $\sum_{j=1}^{n} \lambda_j = 1$,则上式变为:

$$T = \left\{ (x,y) \mid \sum_{j=1}^{n} \lambda_j x_j \leqslant x, \sum_{j=1}^{n} \lambda_j y_j \geqslant y, \lambda_j \geqslant 0, \sum_{j=1}^{n} \lambda_j = 1 \right\}$$

上式即为规模报酬可变时的生产可能集,类似的约束变化可以得到规模报酬非递减和规模报酬非递增下的生产可能集。

③ 效率(Efficiency)

DEA 模型下的效率评价最早由 Farrell 提出的(Farrell,1957)。他在 Debreu (1951)的工作基础上,定义了一个在多投入情况下企业的效率评价概念,其计算公式为:

$$\text{DEA 效率} = \text{实际产出水平}/\text{边际产出水平}$$

(2) 基本的 DEA 模型

数据包络分析(DEA)模型可将决策单元(DMU)按照一定的评价标准,依据其投入和产出指标进行效率排序。也就是说,DEA 模型可以帮助寻找最佳实践(Best Performer),然后以此作为其他决策单元的基准(Benchmarking),并不断提高各决策单元的效率。

为了清晰地展现 DEA 模型,需要首先对各个 DMU 的投入产出变量进行指标定义。假定有多个决策单元 $DMU_j (j=1,2,\cdots,n)$,相应的投入变量为 $X_{ij} (i=1, 2,\cdots,m)$ 以及产出变量为 $Y_{rj} (r=1,2,\cdots,s)$(图 2-4)。

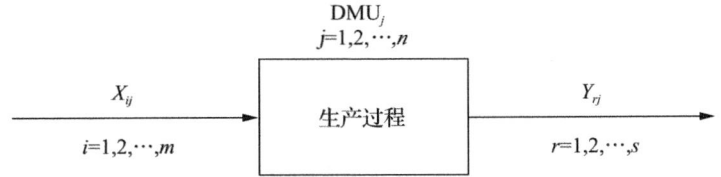

图 2-4 基本的 DEA 模型

DEA 模型中有两大基本模型:CCR 模型和 BCC 模型。

CCR 模型作为最经典的 DEA 模型,是由 Charnes、Cooper 和 Rhodes 于 1978 年共同提出的,标志着 DEA 学科的成立。CCR 模型主要适用于评估规模报酬不变时决策单元的效率情况。按照模型建立的形式,可以划分为分式规划模型和线性规划模型。分式规划模型如下:

$$\text{Max} \frac{\sum_{r=1}^{s} u_r y_{r0}}{\sum_{i=1}^{m} v_i x_{i0}}$$

$$\text{s.t.} \frac{\sum_{r=1}^{s} u_r y_{rj}}{\sum_{i=1}^{m} v_i x_{ij}} \leqslant 1, \forall j$$

$$u_r, v_i \geqslant 0, \forall r, i$$

经过 C-C 变换(Charnes et al.,1962),该模型可等价于线性模型。此处以投入导向的 CCR 模型为例,所谓投入导向模型即保持产出不变,使资源投入尽可能减少的模型,包括乘子模型和包络模型。

投入导向的 CCR 乘子模型:

$$\text{Max} \sum_r u_r y_{rd}$$

$$\text{s.t.} \sum_r u_r y_{rj} - \sum_i v_i x_{ij} \leqslant 0, \forall j$$

$$\sum_i v_i x_{id} = 1$$

$$v_i, u_r \geqslant 0$$

投入导向的 CCR 包络模型:

$$\text{Min} \theta$$

$$\text{s.t.} \sum_j \lambda_j x_{ij} \leqslant \theta x_{id}, i=1,2,\cdots,m$$

$$\sum_j \lambda_j y_{rj} \geqslant y_{rd}, r=1,2,\cdots,s$$

$$\lambda_j \geqslant 0, j=1,2,\cdots,n$$

上述模型得出的各 DMU 的效率值是等价的。当效率值为 1 时,该 DMU 就是(弱)DEA 有效的;当效率值小于 1 时,该 DMU 就是 DEA 无效的。

在产出导向的 CCR 模型下,DMU 的效率值为上述模型的目标函数值的倒数。

BCC 模型(Banker et al.,1984)是由 Banker、Charnes 和 Cooper 创建的 DEA 模型,用于研究决策单元在规模报酬可变情况下的效率评价,即在约束条件中加入规模报酬可变约束。鉴于后文的研究将主要基于 CCR 模型展开,因此此处对 BCC 模型不做过多说明。

(3) 网络 DEA 模型

传统的 DEA 理论将被评价的决策单元(DMU)作为一个整体去估算效率,即假设 DMU 是一个"黑箱",外部的投入进入"黑箱"生产出相应的产出。这个"黑箱"的生产过程就是依据初始投入生产最终产出。Charne 等(1985)首先开始讨论两阶段过程系统,即开始关注"黑箱"的内部结构。之后,Seiford 等(1999b)也发现银行业和类似行业的运作都存在两个生产过程。将 DMU 的内部生产过程打开之后将有利于发现生产过程中的无效来源,从而更有针对性地提高效率。之后,随着学者们面对不同的实际问题,依据实际的生产过程将各 DMU 内部结构划分为更加具体的网络系统,在两阶段过程的经典结构基础上衍生出更多的结构,例如串联结构、并联结构以及串联并联混合结构等(Färe et al.,2000a)。这些复杂的结构被统一称为网络结构,而相应发展起来的 DEA 模型被称为网络数据包络分析(网络 DEA)。近年来,随着复杂生产系统研究的开展,相应的网络 DEA 模型不断得以开发(Färe et al.,2000b;Chen,2009;Tone et al.,2009;Cook et al.,2010a;Kao,2014a;Despotis et al.,2016a;Li et al.,2018)。

不同的网络结构是网络 DEA 模型研究的重点,每种特定的网络结构对应着一种特定的效率测算模型。其划分的依据是不同子阶段之间的链接方式,具体有以下五种:串联结构、并联结构、串联并联混合结构、分层结构和动态结构。基本两阶段网络结构作为最先提出的串联结构,是网络结构模型理论拓展和实际应用的基础。近年来,学者们开展了大量的网络 DEA 研究,如 Kao 等(2008a)、Liang 等(2008b)、Chen 等(2009a)、Fukuyama 等(2012)、Lim 等(2016)、Despotis 等(2016b)、Ang 等(2016)、Lim 等(2019)。

关于 DEA 模型的其他基本理论,详见 Cooper 等(2011)、Cook 等(2014),以及 Zhu(2015)的论文。此外,关于 DEA 模型的应用领域,可参考 Liu(2013)的研究;应用步骤可参考 Golany 等(1989)、Cook 等(2014)等文献。

2.2.4 生产率的定义与分类

生产率的研究是基于效率研究之上的。在经济学的范畴中,生产是指用人类的活动来创造或增加经济效用,生产率多用来衡量这种生产活动的效率。《大英百科全书》(不列颠百科全书公司,2010)中给出这样的定义:"通过对产出物与生产该物的投入物之比的计算来测度生产有效性。"可以看出,一般可以认为生产率即为产出与投入之比。但是一般经济活动因为复杂的生产过程,有着多元化的投入和产出变量,造成变量之间有着不同的量纲,简单地依据产出与投入之比将无法准确衡量生产率的大小。

学者们的研究往往将生产率与经济价值相结合,认为生产率是某经济系统在一段时期内产出物的经济价值与投入物的经济价值之比,以此对该系统生产有效性进行精确度量。基于生产函数的研究在生产要素的基础上加入了技术进步的作用,并将技术进步率定义为全要素生产率,例如著名的索洛增长模型(Solow,1956)。之后的研究将产出增长率减去各生产要素投入增长率得到的余值定义为全要素生产率增长率,这就是测算全要素生产率增长率的丹尼森模型(Denison,1962;1964)。现有生产率的测算有多种分类标准,包括基于投入要素数量、投入要素种类以及研究范围的划分。

基于投入要素的数量可以将生产率分为"单要素生产率"(Single Factor Productivity,SFP)、"多要素生产率"(Multi-Factor Productivity,MFP)和"全要素生产率"(Total Factor Productivity,TFP)。单要素生产率就是将产出只与众多投入要素中的一种联系起来,计算相应的产出与投入比。多要素生产率就是将产出与投入要素中的一部分联系起来,如选择人力、材料、资本等投入要素中的几个或全部。若测算过程中选取了全部的生产要素,则为测算全要素生产率。全要素生产率是将产出与所有投入要素相联系,以全面反映投入要素对产出增长的综合作用。

基于投入要素种类可以将生产率分为劳动生产率、资本生产率、材料生产率等。这也就是单要素生产率的另一个角度解释。此外,依据生产率测算所涉及范围的不同,可以将生产率分为宏观层次的生产率、中观层次的生产率以及微观层次的生产率,如国家生产率、产业生产率以及企业生产率(王晨奎,2013;王嘉嘉,2013)。

随着分析工具的不断发展,当前关于生产率的研究与经验分析多基于全要素生产率。全要素生产率因其对多种要素进行了全面的评价,得以广泛应用。

2.2.5 全要素生产率的评价方法

类似于效率的评价方法,依据是否需要事先假设具体的生产函数来进行生产率测算,可以将全要素生产率(TFP)的评价方法分为两种类型:参数法和非参数法。目前使用较多的参数方法为:索洛余值法、增长核算法以及随机前沿分析法。

非参数方法主要有：指数法、数据包络分析（DEA）以及 Malmquist-DEA 指数法等（王嘉嘉，2013）。

参数方法是基于事先假定的生产函数，并依据现实实践数据对生产函数的相应参数进行估计，并进一步求得生产率的方法。索洛余值法是基于简单的函数设定并且适用于时间序列的数据分析方法，但在应用过程中需假定技术是希克斯中性的和规模报酬不变的，这些假设与现实的生产情况存在着矛盾，因此依据索洛余值法求得的技术进步贡献率往往高于实际技术进步的贡献率。在此基础上发展起来的增长核算法通过对投入要素的进一步细分，使得索洛余值的一部分转化为投入要素的贡献，从而使得全要素生产率增长与实际情况更为接近。随机前沿分析法是在假设生产函数的基础上对生产前沿面进行估计，通过对个体生产过程的事先描述以在一定范围内控制生产率的估算误差。此外，该方法还可以基于生产前沿面对 TFP 进行分解，以进一步明确全要素生产率变化的来源。尽管后两种参数方法得到了适当的改进，但是仍然无法克服需要事先假定生产函数的弊端。

为了克服参数方法的弊端，非参数方法应运而生。当前应用较广的主要有指数法及基于 DEA 的 Malmquist 指数法。指数法中应用较多的有 Laspeyres 指数、Paasche 指数、Fisher 指数和 Tornqvist 指数。指数法在运用过程中依靠价格作为权重，因此只有在投入产出指标的数量和价格数据全面的情况下才能适用。此外，指数法因无法对要素生产率的增长进行分解，而无法明确生产率增长的源泉，这两大弊端使得指数法在现实推广应用中受到限制。基于 DEA 的 Malmquist 指数法基于 DEA 方法的优点，即无需价格信息、无需事先假定生产函数，就可以将生产率的变化分解为技术进步和技术效率两部分，并且在规模报酬可变的情况下，可将技术效率进一步分解为纯技术效率和规模效率。但是该方法也存在着一定的缺陷，如忽略了外部环境因素的影响以及不能对面板数据进行分析（Färe et al.，1985）。但是随着测度工具的发展，这些缺点都在现实应用中逐步得以改正。

总的来说，效率是经济活动主体市场化运作效果的重要工具。对经济活动主体的发展情况进行合理的效率评价，既是推动该主体未来可持续发展的基础，也可为经济主体的管理运作提供合理的参照体系。本书的实证分析将以本节综述的有关成果作为主要的理论基础。

2.3 产业发展评价的经验研究

虽然针对电视产业的研究多见于理论层面,但基于产业发展的经济与管理理论还需要实践数据来检验。只有经验研究才能揭示理论的适用性、普适性以及现实局限性。由于我国电视产业长期处于国家支持下的市场逐渐开放状态,相关的公开实践数据还较少,并且部分公开数据因数据结构及数据跨度的局限性,尚不能满足学者们进行经验研究的需要。同时,对于有线电视产业的产品——节目内容以及其网络传输的基础设施来说,其制作、传输以及投入市场后的成功与否,都需要大量的投资,并需承担极大的风险和不确定性。况且,由于有线电视频道的收入模式长期依赖广告收入的传统盈利模式,未能及时转变为"广告+付费"的新型盈利模式,这些产业背景易于造成相关主体忽略产业效率的整体提升。此外,有线电视产业兼具文化产业的政治属性和信息内容产业的市场属性,使得有线电视网络市场并不可能完全实施市场化运作模式,因此较少学者将视角转向管理层面进行产业效率评价。

本节将基于有线电视同属于文化产业及信息融合产业综合体的特征,首先综述文化产业及电信等信息融合产业的产业效率评价研究,之后再聚焦到广播电视乃至有线电视产业的效率评价研究。

2.3.1 一般性文化产业的发展评价

文化繁荣是民族复兴的重要标志,文化产业是我国的朝阳产业。随着我国社会主义市场经济的发展,文化产业的市场化属性不断凸显,其对国民经济发展的支柱作用日趋增强。有线电视产业是文化产业的一部分,本小节首先对文化产业的效率评价文献做有关综述,以便为后文深入分析有线电视产业的效率评价提供借鉴。

由于文化产业长期担负着文化传播的职能,且受制于政府有关政策规章的约束,其市场化局面尚没有充分形成,因此关于文化产业效率分析的文献相对较少。近年来,随着技术进步的推动,文化产业的发展受到了信息产业的深度渗透和冲击,多种终端的便利以及文化内容的数字化传播使得文化产业内的竞争格局逐渐形成。近年来,已有学者从静态和动态两个角度就有关文化产业的效率评价开展了研究。

侯艳红(2008)应用基本的 CCR 模型对 2005 年我国 31 个省市自治区文化产业的发展做了评价分析[①],研究结果显示,31 个省市自治区中共有 7 个省份的产业发展处于有效状态。此后,王家庭等(2009)在基本的 DEA 模型的基础上,考虑了外界环境因素的影响,应用三阶段 DEA 模型对 2004 年我国 31 个省市自治区的文化产业的发展做了综合评价,在第二阶段剔除环境和随机因素影响后,测算出我国文化产业的技术效率总体偏低,尤其是规模效率。研究指出,我国文化产业的发展还需在加大投资的情况下,不断提升产业发展效率。蒋萍等(2011)应用三阶段 DEA 和超效率 DEA 模型对 2008 年我国 31 个省市自治区的文化产业发展进行了产业效率对比分析,研究结果表明,我国大部分省份的文化产业发展效率较低,其中处于有效状态省份的发展态势也存在较大差异。

也有一部分学者以文化产业的多年发展数据为基础,开展了产业效率的动态评价。马萱等(2010)应用 BCC 模型对我国 31 个省市自治区的文化产业在 1998—2006 年的总体表现给予了效率评价,结果表明,我国不同区域之间存在显著的效率动态异质性:全国范围内文化产业的技术效率(纯技术效率和规模效率)虽取得了显著进步,但仍存在着较大的提升空间,东部地区的技术效率要远远高于中西部地区,并且这一差距随着时间的推移在缩小,也进一步指出文化产业发展受制于经济总体水平的增长。应翔君(2012)运用 DEA 方法对我国 14 个省级行政区的文化产业发展进行了测度,依据其 2005—2010 年的发展数据,对比分析了沿海地区和内陆地区的文化产业发展情况和效率得分。结论显示,沿海地区的综合技术效率得分要普遍高于内陆地区,并基于得分的成分分解指出这一效率得分的差异主要是由规模效率造成的。袁海等(2012)基于超效率 DEA 模型测算了 2004—2008 年中国 31 个省市自治区文化产业的效率得分,研究表明中国文化产业纯技术效率的区域异质性要高于规模效率的区域一致性。

此外,还有学者对文化产业的生产率变化进行了实证研究,郑世林等(2012)利用 1998—2009 年中国省际文化产业投入产出的面板数据,应用 DEA-Malmquist 方法测算了文化产业的全要素生产率的变化情况,并在文化体制改革的三个时间段里对比分析了全要素生产率及其分解值的变动情况。结果显示全要素生产率的

---

① 本书为了研究需要,统计数据不包括港澳台,只列出 31 个省市自治区。

增长完全来源于技术进步,并且这种增长幅度被技术效率的下降所削减;文化改革试点单位分布较多的东部地区的全要素生产率增长趋势明显,而分布较少的中西部地区的全要素生产率对比之下呈下降趋势;文化改革普及推广后,全国范围内整体全要素生产率都呈上升趋势,但是东部的上升速度要远快于中西部地区。类似的研究还有吴慧香(2015)等。

2.3.2 电信等信息融合型产业的发展评价

目前已知的文献对电信行业生产效率研究的出发点主要基于电信行业的组织结构和规制环境变化等相关的产业效率评价问题,依据评价对象的空间尺度可以将现有主要的文献分为以下三类。

第一类的研究是关于全球不同国家间的电信行业的发展对比。Lien 等(2001)对经济合作与发展组织中 24 个国家的电信行业发展进行了效率评价,结果表明:践行竞争模式的国家,其电信行业产业效率要显著高于具有垄断形态电信产业结构的国家。Pentzaropoulos 等(2002)研究了欧洲公共电信运营商的运营效率,结果显示运营效率的高低与公司的利润率并不成正比。Tsai 等(2006)测度了入选"福布斯 2000"的全球范围内主要电信运营商的运营效率,研究表明亚太地区运营商的运营效率要高于欧美地区的运营商,同时相对于全业务运营的国企来说,只经营部分业务(固定业务或移动业务)的私企效率较低。吕鑫(2013)基于三阶段 DEA 模型,从行业和企业两个角度综合分析,选取我国省际电信行业以及 11 家国内外电信运营商 2009—2011 年的运营情况为对象进行分析,并借助 SFA 模型分析了外部环境因素的影响。研究结果表明,我国电信行业的发展稳中有升,但是总体水平相对落后,还进一步指出我国电信行业效率在东西部地区之间差异并不明显。此外,研究还指出,未来的产业发展还需从规模经济的角度出发,通过不断扩大资金和劳动力投入来扩大产业发展规模。

第二类的研究是关于特定国家电信行业或运营商动态发展情况。如 Rushdi (2000)对澳大利亚最大电信运营商 Telstra 生产效率变化的分析,研究指出引入竞争后,Telstra 的运营效率显著增长;Sueyoshi(1998)基于跨期的效率对比检验了日本政府 1985 年出台的促进电信行业私有化的政策,表明其虽然有效,但是仅仅提高了生产效率而对成本效率影响不大。Lee 等(2000)提出总体生产率的概念,基于韩国最大的电信服务商分析了竞争引入前后的效率差异,并指出转型中的垄断企业可以通过降低投入来提高运营效率,但是这种效率的提升可能存在一定的时间滞后。张成波(2006)基于电信市场竞争模式与资源配置效率的关系问题做了深入研究,结果表明引入竞争后,电信市场的资源配置得到了改善,产业运营效率和全要素生产率均明显提升。欧阳春(2008)从定性角度分析了电信产业效率的内涵和相应的影响因素,在 SCP 分析范式的基础上分析了我国电信业的整体表现和效率得分,指出行政干预和电信业拆分重组使得我国电信行业存在多年来效率得分较低的现象。类似的研究还有陈佳易(2012)、高丛(2006)等。

第三类的研究是关于同一个国家内部不同电信运营商的发展对比。Uri(2001)通过对美国国内 19 家本地电话运营商生产效率的评价,指出激励性管制政策对电信行业生产效率有着正向的影响。类似的研究还有,Lam 等(2008)分析了中国 31 个省级区域在 2003—2005 年间电信行业的生产效率,并指出东中西三大经济区的效率差异主要由三地区经济发展水平的差异而引起。李再扬等(2010)采用 DEA 方法,先对 2003—2008 年中国 31 个省市自治区的电信业技术效率进行了测度,然后建立计量经济模型估计了电信业技术效率变化的影响因素。吕昌春等(2010)基于 2005—2007 年间我国 31 个省市自治区电信行业生产发展的现实实践进行效率评价,并建立 Tobit 回归模型分析市场竞争和区域差异因素对生产效率的影响。结果显示,我国电信行业总体经营仍遵循着粗放式发展模式,效率的提升多半借助规模效率的提高,此外东部地区电信行业的生产效率要明显高于西部地区。类似的研究还有薛声家等(2010)、刘孟飞(2014)等。

此外,还有学者就电信产业全要素生产率的变动做了深入研究。陈伟民等(2012)运用非参数的 DEA-Malmquist 指数方法研究了中国电信产业 2007—2009 年间的生产率变化情况,并对比分析了我国与全球典型的电信业发展,结果表明我国的 TFP 增长率来源有别于其他。类似的研究还有顾成彦等(2008e)依据 DEA-Malmquist 指数方法研究了我国电信行业的生产率发展情况和变化趋势。

2.3.3 有线电视产业的发展评价

现有基于有线电视产业抑或是广播电视产业的经验研究起步于电视产业发展较早的发达国家和地区,在网络融合不断深化、相关理论相对成熟、相关实践相对积累的背景下,已有学者开始了针对包括有线电视这一网络型产业的产业效率评价,并依据跨度将评价分为静态和动态等不同维度(Asai,2006;2011;2005a;

2005b)。Asai(2011)将日本广播公司分为全国广播公司和地方广播公司,从同质性的角度出发,仅将地方广播公司作为考察对象,首次从产业链的角度考察地方广播公司的生产全过程,并借助 DEA 模型深入分析产业链各段的生产效率。

  国内学者和研究人员从 21 世纪初开始对广电产业发展效率进行了研究。董春(2006)运用数据包络分析的基本模型将产业效率的评价与区域发展结合起来评价了中国 31 个省市自治区在 1997 年至 2004 年期间的广电产业效率,研究显示上海、广东和北京三个省级行政区是"高投入高产出"的生产模式,同时宁夏、青海和西藏三个省级行政区则是"低投入低产出"的生产模式,而内蒙古、新疆和甘肃三个省级行政区为"高投入低产出"的生产模式。相关的研究还有马婧等(2015),基于 DEA 方法对中国 31 个省级行政区及广电总局直属广电产业 2007—2012 年的产业效率进行测算,分析了各地区广电产业的效率排名以及效率发展趋势,测算结果显示我国广电产业的整体技术效率仍处于相对无效阶段;从经济发展区域角度的整体分析表明东部、中部和东北地区的规模效率是相对有效的,同时我国广电产业的综合技术效率和纯技术效率呈现东、中、西部地区依次递减的空间格局,虽然东部、中部和东北地区的规模效率相差不大,但是都远高于西部地区,并且指出我国广电产业效率不足的原因主要来自从业人员的投入冗余。朱侬曦等(2015)基于 Asai(2011)的研究,将广播产业的产业链划分思路拓展到有线电视产业的分析,从有线电视产业链的职能分工入手,将有线电视产业划分为内容制作部分以及内容生产部分,并基于 DEA 模型对中国有线电视产业的总体和各个产业链环节的生产效率进行测算,并在此基础上采用计量经济学中的 Tobit 模型检验多项外部环境因素对有线电视产业效率的影响。

  部分学者还对有线电视产业或广播电视产业的生产率做了实证研究。Triplett 等(2003)测度了 1995 年至 2000 年期间美国广播电视业的劳动生产率,研究指出美国广播电视产业的劳动生产率年均增长率为 1.2%。Paton 等(2007)测算了英国广播产业的全要素生产率(TFP),并利用随机前沿分析模型将全要素生产率的增长分解为技术进步和效率变化两部分。研究结果显示广播业在 1998 年至 2004 期间的生产率有所提升,技术进步对 TFP 的增长贡献较大。Asai(2005a)使用数据包络分析模型测算了日本地面广播公司的效率和生产率。同年又测算了日本广播公司全要素生产率的变化情况,并借助可变成本函数将增长率分解为产出效应、资本调整和技术变化三部分。研究结果表明,全要素生产率的下降主要是由产出效应的不足引起的。这项研究的两个主要发现表明,产出下降导致 TFP 增长率低,而技术变化率在 1997—2002 年期间一直处于较低的水平(Asai,2005b)。

总的来说,虽然已有部分学者采用有线电视产业发展的现实数据进行了经验分析,但仍鲜有基于其产业链特征和产业特性展开的针对性探讨,本书将依据改进的模型对其产业发展做相应的实证研究。

2.4　基于可持续发展准则的实证研究

高质量发展准则提出之前,可持续发展一直是决策单元生产经营的标准。可持续性的概念源于生态学,最初用于描述可再生的自然系统,以使自然环境有着持续发展的容量。世界环境与发展委员会(WCDE)在《我们共同的未来》报告中首次给予可持续发展以明确的定义,是指既能为满足当代人的需要又不对后代人满足其需要的能力构成危害的发展。具体到现实的经济发展,即是指一种科学的发展方式,是一种环境友好、经济可行和社会可接受的增长模式。进入 21 世纪以来,由于经济快速发展引起各种自然资源的需求不断增加,企业等社会主体不得不基于利润、人、地球之间的关系视角,开始关注可持续发展问题(Elkington,2000)。此后的研究多是针对其内涵定义和测度解析,理论界和实践界开始从宏观、中观乃至微观的视角尝试解决可持续发展所面临的种种挑战(Mebratu,1998)。可持续发展的测度问题受到了广泛关注(Tyteca,1998)。有些学者认为,可持续性指标设置主要为了实现以下四个目标:决策制定;决策管理、倡导、公共参与;共识建立、研究;分析(Parris et al.,2003)。这四个维度的目标可被进一步服务于不同层次:国家级别(Coli et al.,2011;Munksgaard et al.,2005)、地区或城市社区(Hu et al.,2005;Munda et al.,2011)、行业部门(Neto et al.,2007;Zofío et al.,2001)和公司级别(Figge et al.,2004;Kuosmanen et al.,2009)。一开始,可持续发展评估主要关注经济和环境方面的研究。随着研究的推进,这一基准研究开始着眼于关注经济、社会和环境三大方面的研究(Gibson,2006;Pope et al.,2004;Winfield et al.,2010)。

朱金玉(2003)界定了电视产业可持续发展的内涵:通过建立科学合理的市场运作机制,协调电视产业内部的各种资源,并在实践中不断纠错以获取持续不断的改进,从而协调短期利益和长远利益。认为随着国际经济发展的主流趋势的引导以及产业层面制度的约束,产业发展应从仅关注单一的经济增长模式转变为经济、社会、环境三者协调的发展模式。就产业发展本身来说,行业管理者及相关决策者应从管理可持续性的角度关注产业运营如何实现持续、快速、健康成长。随着可持续发展概念的丰富、应用和推广,学者们对可持续发展的研究多从以下三个不同的角度进行分析(Sharma et al.,2005):一是管理可持续,这一领域的研究多基于通过科学有效地对相关主体进行管理,以获得该主体本身持续、快速、健康地成长;二是生态可持续(Ecological Sustainability),这一领域的研究多将可持续发展同自然环境相关联,相对应的企业战略管理就涉及了企业环境管理;三是从经济、社会和环境的三重维度分解可持续发展的要求,用三重标准来评价可持续发展(Bansal,2005),依据现实数据进行实证分析。此外,全球报告倡议组织(Global Reporting Initiative,GRI)在《可持续发展报告指南》中对可持续发展按照经济、社会以及环境三方面进行指标细化。可见,对于经济的研究多基于财务指标,而后两种的研究则是在经济的基础上外加了人力资本和环境指标。有关可持续发展的研究多是基于系统分析方法、流分析以及指标分析等。其中,系统分析考虑了系统内部各个组件之间的关系以及内部组件与外部环境之间的关系(Bodini et al.,2012;Goerner et al.,2009;Ulanowicz,2009);流分析通过测度资源的利用效率来评估系统可持续性,并在测度过程中考虑内部组件与外部环境的关系(Balocco et al.,2004;Campbell et al.,2012);最后,指标分析法是指从环境、经济、社会和体制等方面选取与决策目标相符的指标来评估系统的可持续性,忽略组件内部以及组件与环境之间的关系(Ness et al.,2007;Ou et al.,2010)。

此后,有较多学者借助 DEA 等分析工具定量分析了这一主题。Callens 等(1999)指出可持续发展应关注经济、社会和环境多个方面,并随着时间的变动对各个指标做调整。先基于成本分析和生产效率的原则筛选指标,努力反映可持续发展的多维要求,之后再借助 DEA 模型做实证研究。Belu(2009)基于 DEA 模型研究了上市公司基于社会与环境维度的可持续发展能力,以财务绩效指标(如资产回报率、股本回报率和每年的股票回报)作为投入变量,以公司可持续性发展的得分作为产出变量进行排名和效率评估。Lee 等(2012)基于对公司级别可持续发展的理解,引入数据包络分析模型对韩国电子产业的可持续发展能力进行了实证研究。他们基于交叉 DEA 模型和双重角色的基准衡量了公司可持续性发展的管理问题。

唐娟等(2020)借助于 SEM-DEA 模型衡量了中国经济高质量发展水平的经济

效率值,定量测度了中国当时的经济发展状况,并基于效率得分提出了实现经济高质量发展的对策建议。谷军健等(2020)采用基于方向性距离函数的 DEA-GML 指数测度了制造业的绿色发展质量,考察了海外研发投资对其的影响及行业差异,以及其与技术引进的协同效应。

一般来说,有线电视产业的发展与环境的关联性并不大,因此本书将从管理可持续性的角度入手,以经济和社会的双重准则来衡量其可持续发展情况。

2.5 本章小结

本章从产业组织及平台经济学的理论视角出发,以产业效率评价的理论方法及经验研究和可持续发展的准则为主线,较为系统地回顾了有线电视产业的有关文献,既为后续的有关章节予以铺垫,也为后文的研究指明方向。本章将传统的产业组织理论、双边市场理论、数字技术对电视产业的影响、产业发展评价方法及经验研究、可持续发展的研究基准联系起来,借助理论分析和实践检验的方法,构建本书旨在可持续发展理念下产业的发展和效率评价的分析框架。

本书的后续章节将借助经济学、管理学的经典理论与方法,借鉴电视产业发展较成熟的发达国家和地区的经验,基于中国有线电视产业的实践基础,开展创新性的实践检验和理论探索。有线电视产业本身跨越了文化产业和信息融合产业,在发展过程中势必呈现出社会效益和市场效益并存的特点,因此,在实现文化传播职能的同时,还必须按照中国特色社会主义市场经济的发展规律,在市场化运作的伊始就开启可持续发展模式,不能单纯为了追求短期效率而损伤长远发展的后劲。

在归纳有线电视一般性演化事实的基础上,本书将网络融合产业新晋的"七力模型"和"Logistic 动态演化模型"应用到有线电视动态发展的分析中(这一内容将主要呈现在第四章中)。就已有的理论探讨和经验研究而言,鲜有基于新一代信息技术融合时代特征的、反映有线电视产业链中用户信息流走向的产业发展评价研究,这方面的尝试将在本书第五章及第六章呈现。这些创新性研究将进一步推进有线电视产业领域的理论分析和实证研究。总之,本书将紧扣高质量发展的原则,探索有线电视产业发展的多维度融合模式,并提供相应的发展建议。

第三章 有线电视产业发展演化的基本事实

作为后续理论研究和实证研究的背景,本章将对数字技术推动下的有线电视产业的发展情况做概要性分析。首先,追踪有线电视产业的技术演化路径,阐明不同信息技术融合下有线电视发展的情况,依据不同时期的主要市场特性和主体行为,对有线电视产业进行五大发展阶段的划分。接着,从演化视角出发,分析数字技术推动下有线电视产业链层级的变化和产业特性的变革情况,梳理有线电视产业的产业链特征并做链条解构。最后,依据现实数据,展现有线电视产业的发展与演化情况。

3.1 有线电视产业发展的技术演化

电视产业的发展首先是一个电视技术不断创新的过程。电视节目的制作技术、传输技术以及终端接收设备等的不断发展,给予了电视产业无限发展空间。在新技术取代旧技术的过程中,社会福利不断升级,这一结果为技术发展奠定了社会基础(熊波,2013;张召,2013)。电视技术的发展是技术、经济以及产业政策共同推动的结果。产业政策给予了产业发展的空间,技术发展给予了产业发展的可能,两者共同推动了产业经济的增长;反过来,产业经济发展到一定程度又可以反哺产业技术的发展,向产业政策发送信号,不断拓宽产业政策的包络边界。表3-1给出了60多年来我国电视产业的技术发展过程中的重要事件。

表3-1追踪了我国广播电视产业的技术演化情况。可以看出,当前已处于基本技术成熟而数字化技术作用凸显的阶段。随着2003年被公认为"网络数字发展年"之后,基于数字化技术的中国有线电视产业已取得了显著进步;2005年卫星传输信号全部实现数字化形式,与此同时有线电视网及省级以上广播电视台基本实现数字化传输;随后2010年,广播影视节目内容的制作、节目内容的播出以及节目内容的传输(卫星、有线)不断实现数字化,地面电视率先实现数字化,数字电视接收

表 3-1 60 多年来我国电视产业技术发展的重要事件

时间	重要事件
1958年3月17日	我国第一台电视机(北京牌14英寸黑白电视机)在天津712厂诞生
1958年5月1日	我国第一座电视台——北京电视台开始试播黑白电视节目
1960年5月1日	北京电视台彩色电视试验播出成功
1964年5月	北京电视台(5月9日)和天津电视台(5月29日)分别用微波线路互传节目成功
1964年9月15日	北京电视台第一次正式通过微波线路向天津电视台传送节目
1966年1月	北京电视台首次使用电视录像设备
1968年1月	北京电视台月坛发射台建成,发射功率10千瓦,有效发射半径为60—80千米
1968年12月26日	北京电视台第一次通过微波从天津回传新闻
1970年10月1日	新疆、青海、宁夏、甘肃、广西和福建6个省、自治区新建的电视台(实验台)开始播出节目。北京电视台的节目传送范围从1969年前的天津、河北、山西、陕西,扩大到湖北、辽宁、河南、山东、湖南、安徽、浙江、江苏、四川、江西、广东15个省市
1970年12月26日	第一台彩色电视机在天津712厂诞生
1973年1月	首次使用自己的卫星地面站和电视设备,由自己的技术人员通过卫星传送电视节目
1973年5月1日	北京电视台开始彩色电视试播,每周播出4次。同年8月7日起,每周二在京津、京沪微波线路上传送北京电视台彩色电视节目。同年10月1日起,北京电视台彩色电视节目转为正式播出,上海、天津、南京、武汉、杭州等地试转了彩色电视节目
1974年1月	我国自行设计、生产制造、安装调试的第一套"共用天线电视系统"(连接139台电视机)样机在武汉进行系统联试,1976年7月完成了二期工程(连接650台彩电终端,主要是北京牌电视机),1977年5月,在北京饭店进行测试并正式投入试用,1978年7月通过产品定型鉴定
1975年1月	北京电视台由黑白、彩色交叉向全国各地传送节目改为全部传送彩色节目
1978年6月25日	中央电视台通过国际卫星,从阿根廷向国内转播世界杯比赛实况
1979年5月18日	北京电视台(北京市)正式试播,全国29个省、市、区(不含港、澳、台)都建立了电视台
1981年6月1日	江苏电视台首次使用光缆传输系统传送电视节目
1983年12月21日	中国广播卫星公司成立,以广播电视部为主,专门从事广播卫星技术引进工作

续表

时间	重要事件
1984年4月28日	发射试验通信卫星,同月16日定点,20日起进行15路广播和1路彩色电视的传输试验
1984年7月1日	中央电视台8频道开始试验用计算机程序控制节目播出
2003年	网络数字发展年
2005年	卫星信号以数字化形式传输
2006年1月1日	全国第一个数字高清频道:中央电视台"高清影视频道"正式开播
2010年	节目内容不断实现数字化制作、传输以及播出
2015年	广播电视产业基本实现数字化
2020年	中央和地方节目地面模拟电视信号全面关停

资料来源:历年《中国广播电视年鉴》以及《中国社会统计年鉴》。

机不断得到普及,可见数字化技术的发展使得有线电视产业呈现出节目内容的制作和传输不断数字化的模式;至2015年,中国电视广播产业基本实现了数字化,基本完成了模拟向数字的过渡阶段,并逐步停止模拟电视的播出(万兴 等,2009b);2020年,国家广播电视总局发布的《关于按规划关停地面模拟电视有关工作安排的通知》指出:"根据2012年印发的《地面数字电视广播覆盖网发展规划》,决定自2020年6月15日启动关停中央、省、市、县地面模拟电视信号工作。"相应的中央和地方节目地面模拟电视信号都在2020年12月31日之前实现了关停。

3.2 有线电视产业发展的特性变革

有线电视产业的发展演化轨迹是由技术禀赋、市场结构及人口特征等多个因素合力绘制而成(Wan et al.,2009;于晗,2017)。从时间轴向的演化分析来看,这将有助于我们观察各个时期的主要产业特性和主体行为。依据广电产业的发展情况以及多年《中国广播电视年鉴》的记载,可以将其发展历程分为五大阶段。

初步建立阶段(1958—1979年):从作为广播的功能扩展和技术替代物而建立的第一个电视台(北京电视台)和电视机的诞生开始,我国电视产业拉开了帷幕。此后的二十年内逐步实现了微波线路的节目互传,并尝试性地建立了有线电视系统，各省市自治区有了自己的电视台。至1979年，初步形成了全国范围的广播电视网络系统。这一时期的技术发展主要体现在电视产业基础设施雏形的建立。相应的行业制度仅限于技术层面的推广，而不涉及产业的运营。该时期广电产业完全充当着政府的"喉舌"，其发展资金完全靠政府拨款。

快速发展阶段(1980—1990年)：在四级(中央、省、市、县)办广电政策的推动下，各地纷纷成立电视台，呈现出由两级办台转向多级办台的事业发展格局。多元化的市场主体激发了市场活力，大大提升了该产业的发展规模和发展速度。活跃的市场运作伴随着技术的升级创新，逐步实现了节目的光纤传送及计算机播控。十来年间的电视产业取得了快速发展，在基础设施基本到位后逐渐扩大了运营主体的自主权，并借助行业的多项管理办法推动有线电视产业的初步市场化运作。1990年，广播电影电视部出台《有线电视管理暂行办法》，促使着有线网络和卫星技术的发展，并支撑着电视产业内容和功能的完善。该时期广电产业虽然开始探索"事业主体，企业化管理"的市场运作模式，但多数主体(以各级电视台为主)仍同时承载着事业(单位)和企业的双重身份。然而，这一时期由于政策限制，电视产业仍属于国有事业单位的范畴，仍完全由政府投资。

无序竞争阶段(1991—2000年)：这一时期电视产业的节目制作、节目传输等环节的技术已趋成熟，并开始了数字技术的初步运用，广播电视产业开始活跃起来。1992年，中共中央、国务院《关于加快发展第三产业的决定》的发布，明确了广电产业的市场属性，进一步释放了市场的活力。1997年，国务院在全国信息化工作会议上讨论通过的《国家信息化总体规划》指出我国已形成"一个平台，三个网"的基本信息基础结构，并首次提及"三网融合"。1999年，国务院办公厅发布的82号文要求电信产业和广电业实施业务分工，相互之间不得存在交叉业务。伴随着放权与收权、市场化与公共性不断调整的产业政策，广电产业的主体开始了实质性地由事业单位向企业转型的历程。传播技术也由无线电视与有线电视并行存在，过渡到有线电视独大、模拟电视向数字电视大规模转换的发展阶段。可见这一时期虽然已经提及了"三网融合"，但是三大产业间仍处于分立状态，存在着技术进入壁垒，相互之间的替代性弱，相互之间仍存在着明显的技术边界和市场边界。各自的产品也仅能满足消费者的单方面需求。而此时依据分立的产业状态制定的相应规制政策在一定程度上各不相同，相应的经济性和法律性的规制政策在一定程度上形成了产业间的规制壁垒。

交叉竞争阶段(2001—2010年)：2001年的"十五"和2006年的"十一五"规划纲要明确提出并积极推进"三网融合"，制定和完善相应的网络标准，以使各级网络实现互联互通和资源共享。2008年，发展改革委、科技部、财政部、信息产业部、税务总局、广电总局等六部委联合发布了《关于鼓励数字电视产业发展若干政策的通知》颠覆了广电与电信业务互不交叉的政策规定，提出以有线电视数字化为切入点，广电产业主体可利用国家公用通信网和广播电视网等基础设施，提供数字电视服务和增值业务。2009年5月，国务院同意发展改革委《关于2009年深化经济体制改革工作的意见》的发布，进一步推动了广电和电信企业的双向进入。随着2010年"三网融合"12个试点城市名单和试点方案的正式公布，这标志着"三网融合"试点工作正式启动。技术创新推动了"三网融合"主体之间的技术融合，也进一步消融了产业间的技术壁垒。由于产业间提供的产品服务具有相似的消费特征，相互之间有着极强的替代性，因而也激化了广电、电信、互联网行业间的交叉竞争。这一时期，广播电视产业内部虽积极推广数字化改造并实现了双向传输，但仍因缺乏数据传输业务的许可和市场化运作经验，演化成为"三网融合"战略实施的短板。

整合发展阶段(2011年至今)：2011年，各省基本完成了省网整合，呈现"一省一网"的信息传输格局。2014年5月，作为广电系统开展"三网融合"业务、建设下一代广播电视网的市场主体——中国广播电视网络集团有限公司正式成立。公司成立的使命是为了在现有"一省一网"的基础上实现"全国一张大网"的统一格局。2015年8月25日，国务院办公厅印发《三网融合推广方案》，使得"三网融合"工作进入全面推广阶段。2016年5月，中国广电获得了"基础电信业务经营许可证"，获批经营"互联网国内数据传送业务"和"国内通信设施服务业务"，拓宽了原有的业务范围。这一时期，在与"三网融合"有关的主体产业之间形成了替代竞争关系，分立的产业边界逐渐模糊，各个行业的市场主体纷纷开展了"全业务"竞争，从技术创新的视角转向了产品创新和服务创新。至此，广电产业开启了规制放松下的互联网及数据传输业务，锁定并拓展业务范围和客户群以形成新的利润源和增长点。数字技术、网络建设以及多媒体形式的创新使得电视用户呈多终端分流态势，其中有线电视用户及付费用户也不断流失。

具体的市场形态变化见图3-1。

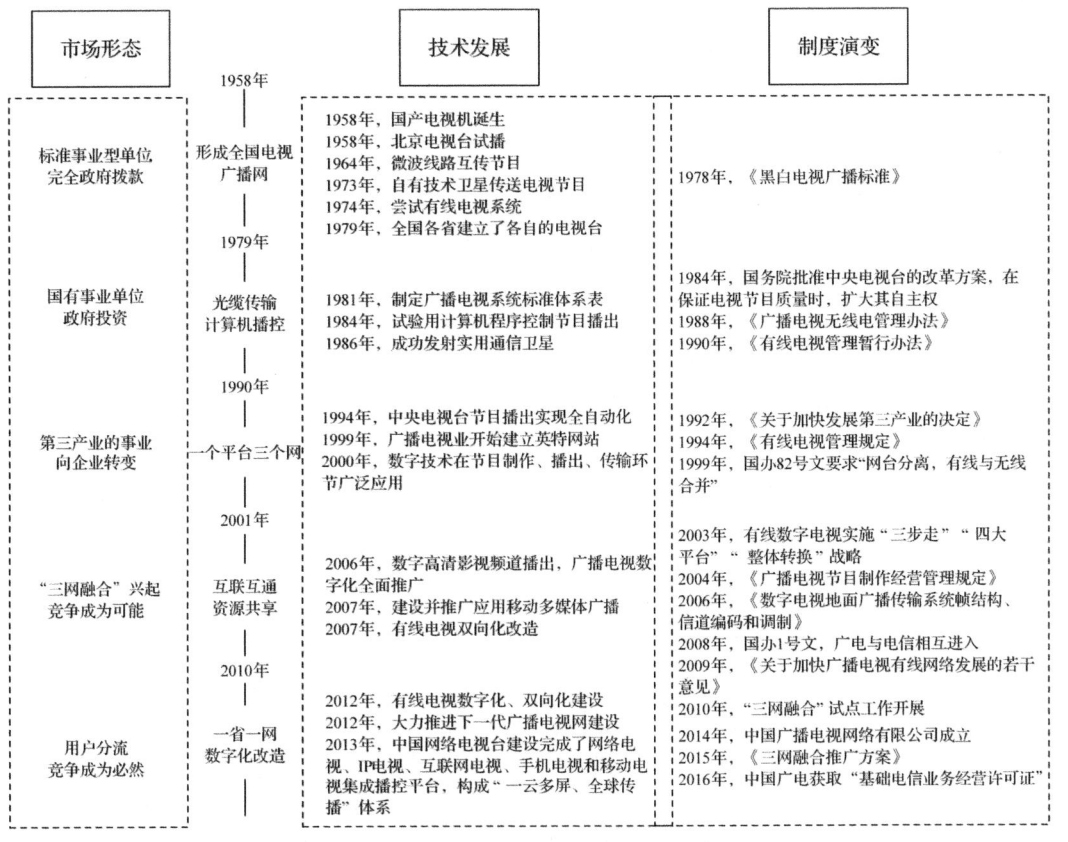

图 3-1 伴随着技术发展和制度演变的时间轴向的市场形态变化

资料来源：历年《中国广播电视年鉴》(1986—2022)。

3.3 有线电视产业发展的链条解构

基于"三网融合"的战略背景，本节将首先对广电、电信、互联网等相关信息融合型产业的产业链做统一梳理。一般而言，广电、电信、互联网的产业链由三部分构成：内容、网络、终端，即由内容提供商和服务提供商向网络运营商提供内容及服务，内容通过网络基础设施传输，最终到达终端供广大用户消费（刘玉芹 等，2011；万兴，2013a）(具体见图3-2)。博思艾伦咨询公司的相关研究指明了三大产业的产业链条环节及横向和纵向两个基本维度的发展动力。以纵向发展的伸展力来说,广电产业内的企业需加强与上下游企业的合作,如与硬件供应商及网络运营商进行合作。从横向价值驱动力来看,内容层面需积极扩张节目的类型,根据客户的细分来量身定制节目;网络层面需积极升级基础设施,加强可持续的数字化基础建设工作,促使产业运营商将更多的精力放在产业运营上而远离网络设施的竞争;终端层面需加快应用程序的创新,以增强用户的黏度和忠诚度。三大产业链的微观梳理对于我们认识网络融合背景下电视产业内的主体实施可持续发展战略提供了一个视角,有助于打开产业链的"黑箱",实现产业运营的针对性。区别于一般的产品,电视产业的规模经济和收入主要来源于受众规模,而不是产量规模(谢江林,2013),这为后文的运营效率分析及产业的可持续发展分析奠定了统一的基础。

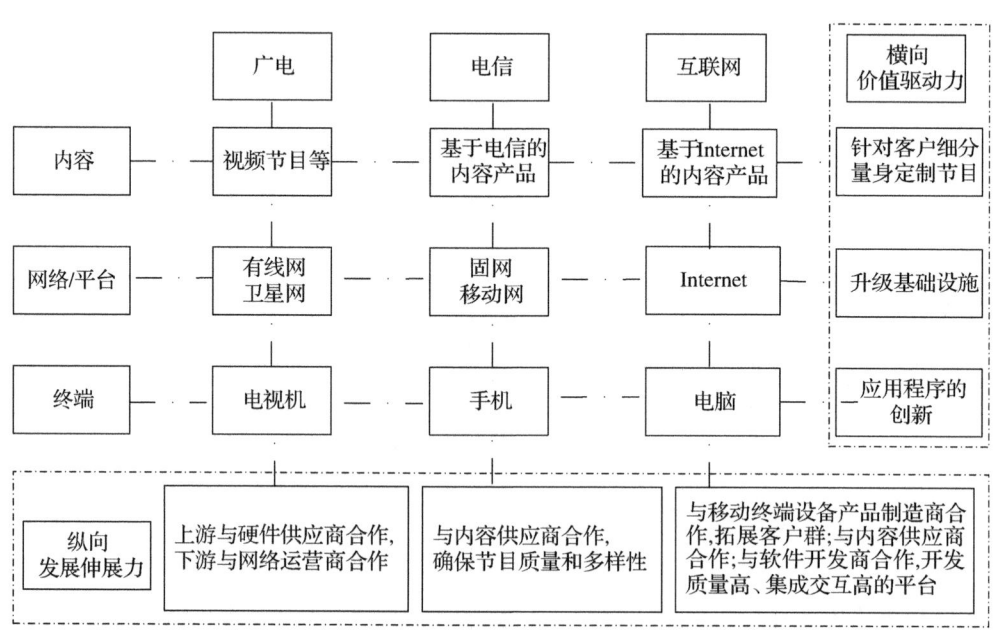

图3-2 广电、电信及互联网的产业链条及发展动力

依据电视产业兼具内容和传输的双重特性,即若要实现节目内容的播放,必须兼有节目内容,以及发送和接收节目的网络设备。从产业链的角度可将其看作是内容(软件)产业链和设备(硬件)产业链两大部分(图3-3),即"人-机"组合的两大系统。对有线电视产业而言,其设备产业链的技术架构由业务层、网络层、终端层以及用户层构成(图3-3的左半部分),内容产业链则由频道内容商、网络运营商以及相应的用户构成(图3-3的右半部分)。随着数字技术的发展,内容产业链的

链内互动十分明显。网络运营商会根据用户的要求筛选落地的电视节目类型,并将用户对节目内容的要求传达给频道内容商,助其制作出合乎用户要求的节目内容(以及由此引发对广告类型的选择),可见在这些信息的传输过程中,网络运营商呈现出双边市场的平台这一关键角色。

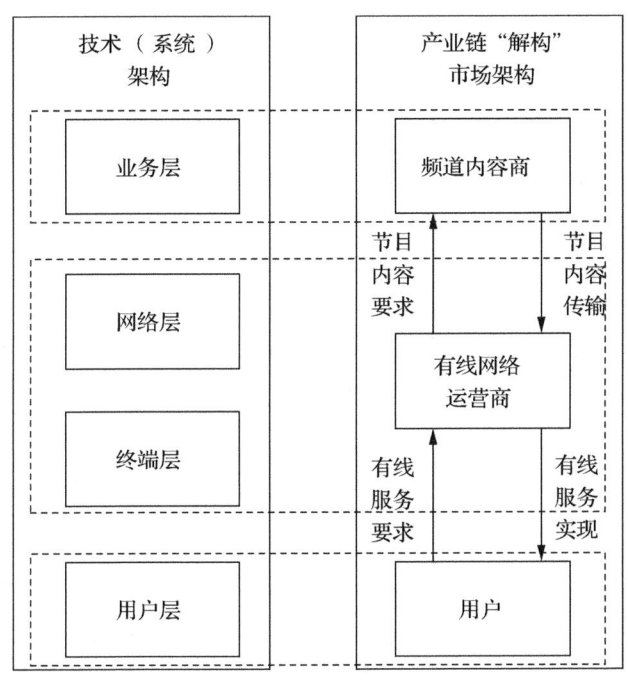

图3-3 有线电视产业的技术-市场架构图

基于前文的产业链"解构"分析以及已有的相关研究(Asai,2011;朱依曦 等,2015),可将有线电视产业的产业运作分为两个阶段,即阶段一:节目内容制作;阶段二:节目内容传播。有线电视节目内容可以分为自制、第三方采购等类型。但随着自媒体以及新媒体类型的网络运营主体自制节目的比例越来越大,此处将不对节目内容做分类。这一考虑不仅是因为我国目前可供分析的有关有线电视产业发展的数据有限,而且是因为其数据结构也难以支撑我们做更微观的分析,并且若对节目内容进行区分后再做产业效率的评价,对内容融合程度较高的时期来说没有本质上的贡献,因此,我们对节目内容不做区分。

3.4 有线电视产业发展的环境变迁

基于前文的分析,可以知道,随着数字技术的发展,有线电视产业发展的技术基础发生了变化,从固网和移动网分立的状态融合成 IP 网络,并由此引发市场运作商业模式的变化,间接影响了产业链终端的用户地位。电视消费者已不再是简单的"观"众,也不再是纯粹的"受"众;电视用户也不再是以往的线性信息传播终端的接受者,而是演变为主动的电视"用"户。电视用户与内容制作商和内容传播商实现了实质性互动,大数据时代各种数据处理工具的出现也为两者之间的互动提供了可能和便利。

(1) 技术基础变革:固网和移动网融合转向 IP 网络

广电产业内整合战略发生的结构性驱动要素之一就是固网和移动网加速融合、向基于 IP 的网络演进。这将使得用户可以在绑定一个运营商的同时获得更多甚至所有的通信服务,同时降低用户在这一高度竞争和多样化的市场中获取服务的搜寻成本,并大大提高用户满意度,一定程度上提升每用户平均收入(Average Revenue Per User,ARPU)值并降低现有用户的离网率(Chan-Olmsted et al., 2011)。2020 年,我国电话用户净减 1 640 万户,总数回落至 17.76 亿户。其中,移动电话用户总数 15.94 亿户,全年净减 728 万户,普及率为 113.9 部/百人,比上年末回落 0.5 部/百人。4G 用户总数达到 12.89 亿户,全年净增 679 万户,占移动电话用户数的 80.8%。固定电话用户总数 1.82 亿户,全年净减 913 万户,普及率降至 13 部/百人。[①]

此外,高容量的网络基础建设所需的稳定巨额投资也使得固网运营商和移动网运营商不得不选择共同运作。2014 年由通信三大运营商共同出资成立的铁塔公司,除了解决重复建设的问题以外,还解决了独家建设资本不足的难题[②]。2016 年,工业和信息化部颁发的"基础电信业务经营许可证",意味着中国广电成为继中国移动、中国联通、中国电信之后的第四大通信运营商,使得广电行业获取了向"无线化"转型的可能,在这一政策放松的市场环境下,为实现深度的数字传媒业务发

---

① 数据来自《2020 年通信运营业统计公报》。
② 数据来自《2016 年通信运营业统计公报》。

展,中国铁塔公司各级分公司在其逐渐发展成为基站公司的路上已逐渐开始和所在地的广电网络公司合作,实现信息基础设施共建共享,网络的建设得以优化,资源利用率得以提高。

(2) 商业模式变革:范围经济和规模经济共驱协同效应

和模拟时代相比,数字时代广电传输的范围经济性显著增强。内容资源的共享、网络建设的共用、统一管理及广告费用的公摊,都直观地体现了电视产业内容的生产与传播的范围经济。当然,电信网络也具有同时提供视频、音频和数据服务的功能,因此这种跨产业的范围经济将会改变传统广电传输领域的市场结构,以往的完全垄断将为寡头垄断等格局所取代(刘玉芹 等,2011)。在网络升级和服务提升这一资本驱动的产业改革过程中,范围经济大大提高了主体的运营效率。

区别于一般的产品,广电产业的规模经济更多来源于受众规模,而不是产量规模(谢江林,2013)。付费电视运营商的节目制作支出占总利润的比例也在逐年上升,这将进一步挤兑付费电视运营商的边际利润。更大的规模可以一定程度抵消因获取电视制播转播内容而不断增长的制作成本(Evens et al.,2016)。在这样的背景下,规模经济给予了电视运营商与内容供应商更大的发展空间(Evens et al.,2013)。多维度的运营主体借助整合战略的实施获得了多方面的规模经济,如内容制作、网络建设以及用户共享等。内容制作模块在各个网络间的共享将会带来内容共享的规模经济,运营商作为网络平台在横向整合中将会享受到潜在交叉网络外部性带来的规模经济效益,用户规模的扩大可以使单位用户的经营成本最小化。

(3) 用户地位变革:数字技术和市场化运作改变用户地位

长期以来,我国的电视产业存在着因地域割据而形成的区域内垄断,各省的电视用户只能选择本地的电视运营商。这种情况下,平台企业无需过多关注消费者的需求,而是将精力多数放在上游的内容供应商以及外部的广告商。同时,频道运营商在面对网络运营商时没有太多的选择,只有借助巨额的落地费来吸引电视用户的注意力。此时的频道运营商面对的是垄断平台,其拥有较低的谈判能力,此时频道运营商将选择依赖广告费而不是制作优质的节目内容(于晗,2017;赵斐,2011)。数字技术使得有线电视有了多种传输形式,如有线数字电视、网络电视、手机电视等新型视频传播媒体。从本质上来说,这些新型媒体一改以往的单向传输而实现了双向或多向的交互式传播,并且可以依据特定用户喜好实现节目包定制服务。虽然有线电视的平台属性在模拟信号时代就已存在,但是随着数字技术正在有线电视产业中的普及,该平台的重心发生了偏移。有线数字电视时代正在逐渐颠覆电视运营商的垄断角色,用户可以选择的平台逐渐增多,根据节目内容的质量、服务的水平以及价格的可接受程度等实现个性化节目选择。

数字技术的发展使得节目内容的提供方式越来越多,作为广电产业链的终端——用户的地位逐渐上升,从被动地接受电视台所播放的节目到主动筛选不止一种媒介传递的多种节目内容。各类市场主体(内容提供商、网络运营商、设备制造商以及技术服务商)为了吸引更多的用户或是锁定现有用户,根据用户的需求不断调整自身的发展战略。数字技术时代,所提供的节目内容的质量将是频道运营商运营成功的关键。有了受欢迎的节目内容后,频道运营商甚至可以不向网络运营商缴纳"落地费",而是反过来向网络运营商收取节目内容使用费。美国的电影频道 HBO[①] 开创了电视盈利模式从广告导向转向观众导向的先河,借助节目内容的差异性(以自制剧出名)来吸引用户并顺利实现付费电视模式(孙乐,2010;International,2011)。同时,移动互联网、移动设备和云计算技术的发展带来的受众分化使得广电产业的发展由卖方市场转向了买方市场。大量的用户存在着网间转移趋势,或转到流媒体或削减了电视节目包的支出(签署了数量更少更便宜的内容节目包),而这都将直接影响到广电产业的收入和发展,广告收入(平台的外部性所致)及付费电视的订购费尤为明显(Hagey et al.,2014)。

可见,数字技术推动模拟电视走向数字电视时代的同时,"用户为王"的战略导向改变了平台竞争的焦点。运营商逐渐重视用户的信息流,包括定制的节目内容以及对该节目内容的反馈,也将成为有线电视产业可持续运营管理的重点。

3.5 本章小结

综观有线电视产业多年发展的数据及产业组织形态和特征的动态演化过程,可以看出模拟电视产业已经逐渐被数字电视产业所取代。数字技术不断推动着有线电视产业的发展,电视节目的制作技术、传输技术以及终端接收设备等的不断发展,给予了电视产业无限发展空间。各个时期的电视技术、市场组织结构等多个因素共同作用,促成了电视产业发展的五大代表阶段。从时间轴向的演化分析来看,

---

① 美国电影频道,Home Box Office(简称:HBO)。

这将有助于我们观察各个时期的主要市场特性和主体行为：从"初步建立阶段"的完全政府主导，到"快速发展阶段"的"事业主体，企业化管理"发展模式，再到"无序竞争阶段"的放权与收权、市场化与公共性不断调整的产业政策下由事业单位向企业的实质性转型，接着是广电、电信、互联网行业间的"交叉竞争阶段"，直至当前的"全业务"竞争的"整合发展阶段"。

依据电视产业兼具内容和传输的双重特性，即若要实现电视内容的播放，必须兼有发送和接收节目的网络设备。从产业链的角度可将其看作是内容产业链和设备产业链两大系统。鉴于本书的研究重点以及研究的聚焦性，在提及"有线电视产业链"的时候，往往专指"内容产业链"。随着数字技术的发展，有线电视产业发展的技术基础发生了根本性的变化，从固网和移动网分立的状态融合成 IP 网络，并由此引发市场运作商业模式的变化，间接影响了产业链终端的用户地位。电视消费者已不再是简单的"观"众，也不再是纯粹的"受"众了，电视用户一改以往的线性信息传播终端的接受者，而演变为主动的电视"用"户。电视用户与内容制作商和内容传播商实现了实质性互动，大数据时代各种数据处理工具的出现也为两者之间的互动提供了可能和便利。

最后，基于全国广播电视总体发展情况和有线电视的发展现状可知，传统的广电产业市场已经接近饱和。同时，随着服务平台的日益增多，部分广电用户被分流或者在网用户通过降级（减少订购节目包）或取消付费电视服务削减了电视节目包的支出，还有部分用户习惯于长期的免费电视服务（初装费等固定费用除外），正转向无门槛的靠广告来支持运营的电视和网络视频服务。相比于美国的每用户平均收入（ARPU），我国 ARPU 值的基数较小。未来单纯依靠付费电视来实现产业发展似乎不太现实，还需促使有线电视产业尽快践行高质量运营模式。

第四章 有线电视产业发展演化的模型探讨

本章将在对有线电视产业发展的演化历程做基本描述后,基于媒介融合后复杂的竞争形式,借助"七力模型"(Lin,2012)对有线电视产业市场做多维主体的交互竞争分析。首先,借助"七力模型"综合分析有线电视产业所处的市场环境,研判整个行业竞争的激烈程度以及"三网融合"进程中有线电视产业的发展定位。其次,在"三网融合"进程中,各行动主体的目标都是实现自身利润最大化,并不断提升产业发展效率以实现可持续发展。最后,借助 Logistic 模型对有线电视产业发展做动态演化数理探析。

4.1 有线电视产业发展的演化历程

4.1.1 总体演化趋势

全国广播电视总收入在模数转换实施的前几年实现了快速增长,并逐渐趋于稳定。截至 2015 年底,广电产业综合人口覆盖率已达到 98.77%。同时,随着服务平台的日益增多,大量广电用户被分流(如 IPTV、OTT-TV 等),电视的日均收视时间逐渐下降。电视行业总收入的增长率在 2014 年发生了骤降,好在这一趋势因 2015 年电视行业积极参与"三网融合"的进程而得以缓解(表 4-1)。增长率骤降的原因主要是用户的流失,一方面互联网及宽带的出现不断改变着用户的消费模式,在联网设备增加的情况下用户可以随时随地收看传统电视及其他个性化的节目内容(网络视频等),而不再受制于传统电视线性服务的时间和内容限制。另一方面付费电视用户为了削减电视节目包的支出,降级(减少订购节目包)甚至取消接受付费电视服务,转向无门槛的靠广告来支持运营的电视和网络视频服务(Hagey et al.,2014)。

表4-1 2009—2015年我国电视人口覆盖率及日均收视时间

	2009	2010	2011	2012	2013	2014	2015
综合人口覆盖率/%	97.2	97.6	97.8	98.2	98.4	98.6	98.77
电视收视时间/(分/天)	158	158	163	164	159	157	155
电视总收入/百亿元	9.6	10.4	12.4	16	20.3	22.3	23.8
收入逐年变化率/%	12.50	8.33	19.23	29.03	26.88	9.85	6.73

资料来源：《中国广播电视年鉴》(2010—2016)及《国际通信市场报告》(2010—2016)。

同时，自2005年以来，有线电视产业主体纷纷投资数字化技术开发及"三网融合"业务，巨额的投资成本横亘在利益相关方之间，传统的单一广告依赖型的盈利模式将无法支撑有线电视产业新时期的发展需要，随之而来的是免费电视的比例逐渐减少，付费电视的比例得以提升。这一现象反映了有线电视产业盈利模式的演变趋势：从单纯依赖广告收入逐渐转变到向用户收费，逐渐扭转免费电视占主导的盈利模式。但是付费电视的推进过程存在着诸多现实障碍，难以在短期内有效实现盈利模式的转变。一方面，考虑到用户的消费体验及福利体验，有线电视的规制方——原广电总局在《广播电视有线数字付费频道业务管理暂行办法》中要求：数字付费频道不得播出除推销付费频道广告之外的商业广告，之后原新闻出版广电总局发布的《广播电视视频点播业务管理办法》也对点播业务的发展给予了限定。另一方面，由于用户适应了多年的免费电视模式，当时电视产业借助电信网及互联网的IPTV及OTT-TV的兴起推出的付费电视没有得到用户的过多响应。可见，由于监管加紧以及来自免费和付费网络视频服务的激烈竞争，电视节目的付费比例增长机会非常有限(图4-1)。《国际通信市场报告》(2016)中的数据显示，相比于美国的ARPU值从2009年的480英镑涨到2015年的705英镑而言，我国ARPU值的基数较小，除2013年实现陡增外，一直处于相对平稳期，因此单纯依靠付费电视来实现产业发展似乎还不太现实。

随着我国于2020年底全面关闭模拟信号，我国迎来数字化电视时代。在模拟电视向数字电视过渡的发展背景下，模拟电视被挤出的市场并不是全盘让给了数字电视，而是被IPTV抢先占领了。2015年国务院的《三网融合推广方案》全面开放运营商进入IPTV领域，IPTV也从原本的边缘化媒体业务提供商逐步跻身到快速发展的新媒体行列(图4-2)。此外OTT的用户规模也在大幅增长，根据工业

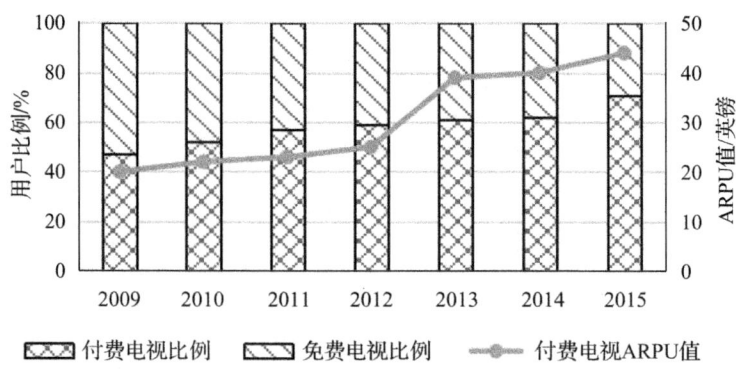

图 4-1　付费与免费电视用户比例及付费电视 ARPU 值

资料来源：《中国广播电视年鉴》（2010—2016）及《国际通信市场报告》（2010—2016）。

和信息化部数据：2016 年 1 月至 6 月，IPTV 用户净增 1 991.7 万户，总数达到 6 581.2 万户；OTT 用户净增 678.6 万户，达到 5 298.6 万户，两者用户总数为 1.19亿户[①]。

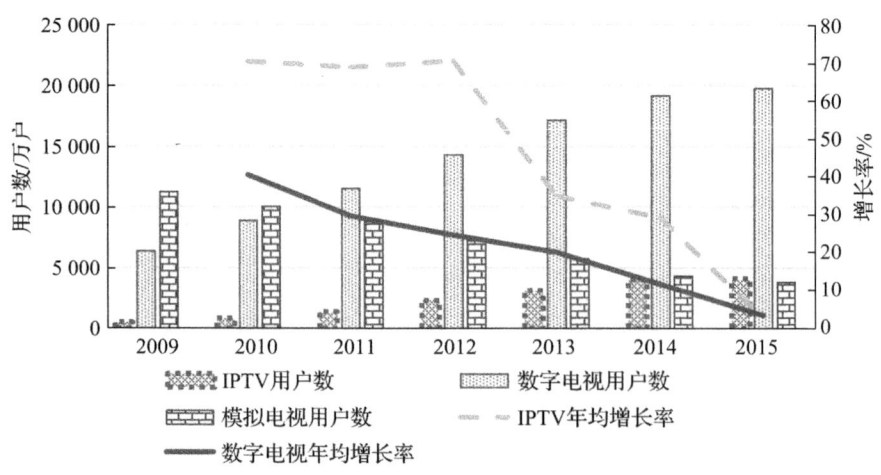

图 4-2　各类电视占比及相应增长率

资料来源：《中国广播电视年鉴》（2010—2016）及《国际通信市场报告》（2010—2016）。

2008 年底，全国数字电视用户达到 4 527.86 万户，但其中付费电视用户仅有 449.34 万户，付费电视用户数约占全国数字电视用户的 10%。此时，约有 27% 的

---

① 数据来自《中国广电 2016 第二季度有线电视行业发展公报》。

有线运营商完成了有线网络的模数整体转换。可见,付费电视用户比例与整体转换的比例悬殊,使得部分运营商仍持续停留在依靠基本收视维护费维系的收入模式上。此后,随着数字技术的发展,在模数转换的体制和市场双重推动下,模数转换率快速平稳增长,2019年底数字化率(模数转化率)已经达到了93.98%,但是付费电视用户的逐年增长率却出现了下降趋势,付费电视用户占有线电视总用户的比例仅为3.31%。由此可见,相较于数字电视的整体转换,付费数字电视的市场拓展之路仍然漫长且充满挑战。具体数据可见图4-3。

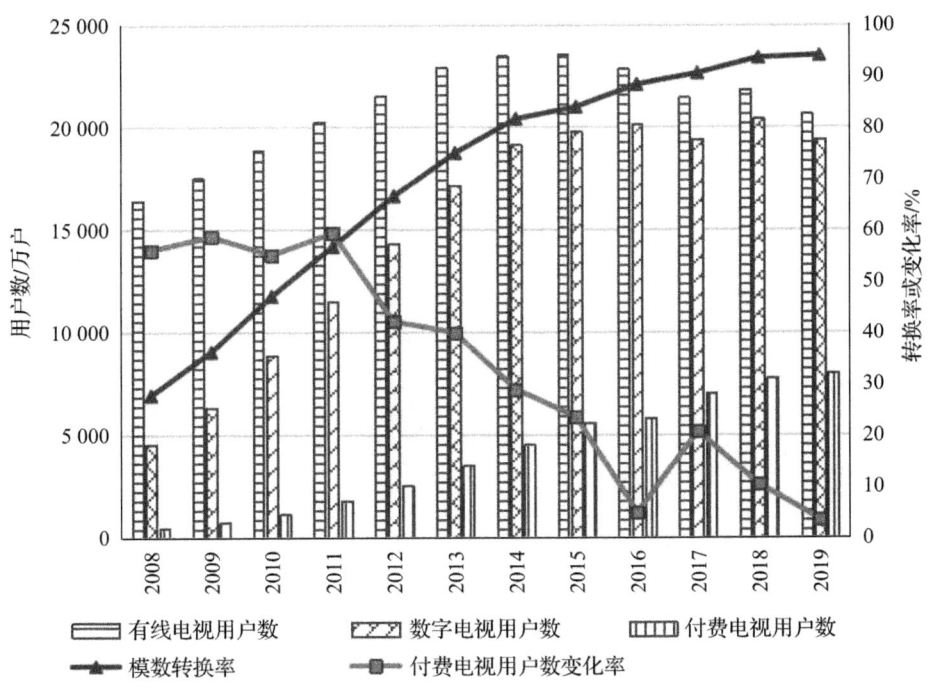

图4-3 各类电视用户数及转换率、变化率(2008—2019年)

资料来源:《中国广播电视年鉴》(2010—2020)及《中国社会统计年鉴》(2009—2020)。

4.1.2 "十三五"期末的发展情况

2010年以来,有线电视产业在省网融合与跨区域发展、网络转型升级与双向转型、增值服务三个方面取得了进展。前两个侧重于节目制作,后一个侧重于服务传输。总体来看,省网融合取得了很大的突破,但融合的效益还尚不如预期。尽管有线电视网络的双向改造取得了很大进展,但这种供给侧的投入并未给需求侧带来明显的发展(万兴 等,2010)。与此同时,有线电视行业增值业务的发展并不如预期,不少有线电视运营商仍在探索新的商业模式。根据《中国广播电视年鉴》(2020)对有线电视发展的描述,可以发现,"三网融合"背景下,有线电视网络运营商不仅需要完成市场转型,还要应对网络融合带来的全方位竞争。

与电信等其他早在 20 世纪就开始市场化进程和监管改革的网络产业相比,有线电视产业在业务量、规模、服务标准化、运营能力和网络资源等方面的发展都相对落后。《中国统计年鉴》(2020)中 2019 年三个典型网络产业的业务量和用户数两大指标的横向比较表明,无论是业务量还是用户数,有线电视产业均相对落后于电信产业和互联网产业(图 4-4)。

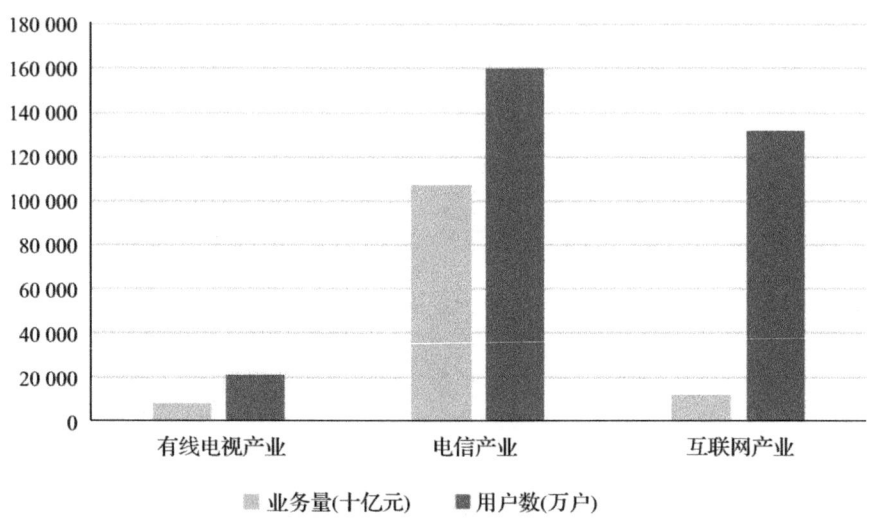

图 4-4　2019 年三大产业的业务量和用户数

在"三网融合"的推动下,电信企业在电视市场的探索和发展主要体现在 IPTV 的推广和移动视频的发展上。借助 IPTV,电信企业加快了进入原 CATV 垄断市场的步伐。与 CATV 业务相比,IPTV 具有交互性、融合性、个性化、人性化四大特点。其中,实现交互、提供娱乐、交流等综合解决方案的能力最为吸引人。工业和信息化部发布的行业信息数据显示,截至 2021 年 2 月底,三大基础电信企业(中国移动、中国电信、中国联通)手机用户总数达到 15.92 亿户,其中三大基础电信公司 5G 手机终端连接数达 2.6 亿户,较 2020 年末净增 6 130 万户,占手机用户的 16.3%。固定互联网宽带接入用户总数达到 4.92 亿户,同比增长 8.9%,比上年末净增 867 万户。其中,FTTH/O 用户数为 4.63 亿户,占固定互联网宽带用户总数的94%。100 Mbps及以上接入速率固定互联网宽带接入用户4.5亿户,占用户总数的90.4%,比2020年底增长0.5个百分点;加快推进千兆宽带业务,固定互联网宽带接入用户达到803万户,比2020年底净增163万户。

互联网企业利用三网合一的机会谋求发展的典型策略是提供在线视频服务。随着互联网在中国的日益普及,包括在线视频在内的互联网应用持续快速发展。越来越多的消费者,尤其是年轻消费者,已经习惯于通过互联网观看各种视频节目。宽带的加速和网络视频的丰富,推动了网络视频行业的发展。在"三网融合"初期,网络视频作为一种新兴的视频业务,与传统的有线数字电视仍然是相辅相成的。但是,在未来更长的网络融合时期,网络视频可能会与数字电视展开竞争。从需求端看,中国网络视频用户规模保持稳定扩大。根据中国互联网络信息中心发布的第46次统计报告,截至2020年6月末,中国互联网用户规模达到9.4亿户,比2020年3月增加3 625万户;互联网普及率达到67.0%,比2020年3月增加2.5个百分点。

因此,自1970年以来,由于各国取消了政策和技术壁垒,有线电视的自然垄断地位有所减弱(Martin,1997;胡汉辉 等,2008)。随着经济体制改革和市场经济的逐步深入,有线电视产业在发挥文化传播功能的同时,也在积极参与市场化运作。然而,由于内容制作成本上升和覆盖范围饱和,有线电视产业本身也面临新的上行压力。随着光通信、数字技术等关键技术的快速进步,以及IP协议的逐步统一,未来电信网络和互联网网络也可以在不增加额外投资的情况下运营有线电视节目传输业务。此外,中国有线电视产业正面临来自其他网络行业日益激烈的竞争,其自身的自然垄断特征正被市场化发展逐渐淡化(朱侬曦 等,2015)。

从有线电视近几年的发展可以看出,有线电视在节目制作方面积极推进智能网络的建设和融合,不断应用新技术,创造服务传输的新业态,为有线电视产业发展注入新动能,营业收入大幅增长。《中国广播电视年鉴》(2020)显示,在实际创收中,2019年广播电视机构综合发展收入647.01亿元。主要收入构成:(1)广播电视机构新媒体广告收入194.31亿元,占比30.03%;(2)有线电视网宽带、智慧城市等"三网融合"业务收入116.12亿元,占比17.95%;(3)IPTV平台收入121.23亿元,占比18.74%;(4)OTT综合服务业务收入62.53亿元,占比9.66%;(5)广播电视机构网络视听收入152.82亿元,占比23.62%。

随着硬件的发展,有线电视产业的节目内容和终端数量不断增加,具有运营价值的用户逐渐积累,行业呈现明显的增长态势,行业收入规模亦稳定增长。

4.2 基于七力模型的市场竞争分析

波特的五力模型被广泛用于分析某一评价对象的市场竞争情况,此处将借助其来梳理有线产业发展所处的市场环境(Porter et al.,1991)。为了拓展五力模型的应用范围,Brandenburger 等(1995)引入了"互补者"这一第六作用力来解释战略联盟背后的原因。基于电视产业的特点,Lin(2012)根据中国电视产业的发展现状,进一步提出了第七个要素——分销渠道/分销商的力量,从竞争者、新进入者、替代者、客户、供应商、互补者以及分销商等七大角度对中国移动电视产业做了产业竞争分析。本节将"七力模型"应用到与有线电视发展相关的产业分析中,同时考虑信息技术对有线电视发展的影响,以及这一产业的利益相关者的地位变化。

(1) 竞争者

在有线电视市场发展过程中,新兴的 IPTV、移动电视和互联网电视等新媒体形态不仅丰富了人们的收视方式,更因业务的融合给电视媒体带来了冲击。这些新兴媒体以其强大的服务功能,不断分流有线电视原有用户的媒体消费时间,进而挑战数字电视的市场运营能力和盈利模式。2015 年,国务院办公厅印发的《三网融合推广方案》全面开放了运营商进入 IPTV 领域,IPTV 也从原本的边缘化媒体业务提供商逐步跻身到快速发展的新媒体行列。此外,OTT-TV 的用户规模也在大幅增长。根据工业和信息化部的数据:截至 2020 年底,三家基础电信企业发展蜂窝物联网用户达 11.36 亿户,全年净增 1.08 亿户;发展 IPTV 用户总数达 3.15 亿户,全年净增 2 120 万户[①]。根据《2020 年国民经济和社会发展统计公报》以及相关行业的研究数据,广电有线电视业务在 IPTV、OTT-TV 以及移动互联网视频的层层包围下,用户流失从未停止过,特别是 IPTV 的冲击造成的影响更大。自 2016 年起,中国有线电视实际用户数量逐年减少,2019 年中国有线电视实际用户规模为 2.12 亿户,较 2018 年减少了 0.02 亿户,同比减少 0.9%;2020 年中国有线电视实际用户规模为 2.1 亿户,较 2019 年减少了 0.02 亿户,同比减少 0.9%。可见,有线电视正在经受着 IPTV、OTT-TV 以及移动互联网视频的多重挤压。究其

---

① 数据来自《2020 年通信业统计公报》。

原因,与 IPTV、OTT-TV 以及移动互联网视频相比,有线电视提供的电视节目服务往往是经广电总局批准的节目内容,并且其内容播放过程中播放的广告数量也受到相关部门的严格约束。但是随着数字技术的发展,有线电视产业的数字化发展将通过有效增强内容接收的便利性以及与用户的交互性来不断扩大用户基础。电视运营商还需平衡广告收益与用户订阅之间的关系,吸引更多具有价格意识的用户。此外,随着广电产业"大网"战略的推进,有线电视运营商开始跨省落地以获得更大观众市场,有线电视产业不仅面对来自电信及互联网产业的竞争,而且来自省市自治区间电视运营商的竞争也会变得更加激烈。

(2) 新进入者

任何行业对于新进入者的进入障碍大多由两大方面构成:行业壁垒以及在位者的反击。一般而言,存在六种主要的进入壁垒,包括:规模经济、产业化程度、资本需求数量、转换成本、分销渠道数量以及分销成本、政府的政策壁垒。有线电视产业作为一个典型的基础装备投资大、知识密集型产业,相应的进入壁垒主要有三大方面:① 规模经济壁垒。像前文所述,有线电视产业的规模经济主要来自产业链终端——用户的数量。有线电视产业的产品为节目内容,而节目内容在数字技术的发展下已经实现了多终端传输,因此它要求新进入者一开始就需具备大规模用户,以支撑其大规模生产和投入,并有能力承担可能存在的抵制风险,或者因小规模生产而接受产品成本劣势方面的风险。② 资金需求壁垒。有线电视产业作为一个文化导向的信息化产业,行业的发展基于大量的资本投资,包括流动资金的准备以及技术和设备的使用投资。③ 政策壁垒。有线电视产业长期作为一个文化产业,其发展趋向直接受制于相应的规制部门,市场的开拓和发展也需要借助相应的电视内容、服务和许可证发放。广电部门的行政保护降低了有线电视产业发展所受到的新进入者的威胁。尽管一些民营资本和境外资本开始向有线电视产业投资,但是实际控制有线电视产业资源的仍是政府行政部门。在这样的行业背景下,新入行者很难进入有线电视产业并形成实质性威胁。

(3) 替代者

近年来,有线电视得到了快速发展,但是无线电视及卫星电视仍然存在。从图 4-5 可以看出,有线电视的占比呈现逐年递增的趋势,虽然无线电视的降幅最大,但卫星电视却呈现先降后升再降的变化趋势。三者在技术与经济特点上有着明显的差异,但三者的转播成本都依赖于一定区域内收视观众的密度(卢远瞩 等,

2015)。一般来说,电视转播的人均成本与用户的地理密度成反比,但每种电视转播平台又有着各自的优势与劣势,卫星电视与无线电视当时几乎是以有线电视的补充形式存在,多存在于信号弱或偏远地区。随着有线电视节目内容质量的提高,以及国家模拟信号向数字信号整体转换过程中以有线电视为主要载体的战略实施,有线电视在一些较为发达的地区逐渐成为主要的电视节目接收方式。在政策保护和有线电视稳定发展的背景下,其主导地位在近些年仍将持续。因此,无线电视和卫星电视对有线电视的威胁不会太大。

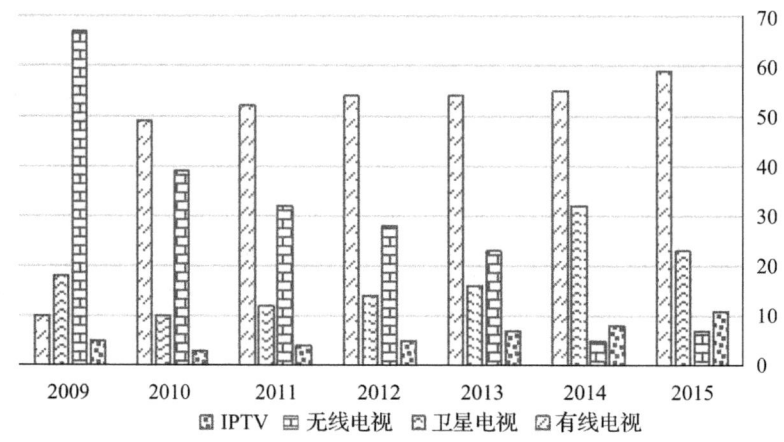

图 4-5 不同类型电视的占比(2009—2015 年)(单位:%)

资料来源:《国际通信市场报告》(2010—2016)。

此外,在电视用户可支配的文化娱乐消费时间固定的前提下,与电视节目争夺用户时间的还有以报纸、图书、杂志为代表的传统媒介。随着这些传统媒介的数字化转型,部分电视用户可能会将消费电视节目的时间转向消费电子化的传统媒介。同时,随着自媒体的兴起,人们更热衷于个性化消费,受各类"朋友圈"的影响,尤其是随着以手机和PAD为代表的智能硬件终端以及各类APP等软性终端逐渐成为人们生活中的重要部分,电视用户的消费时间将被进一步分割。

(4)客户

依据前文对有线电视产业的产业链及收入组成的分析,可知有线电视产业面临的客户主要分为两类:广告商和用户。广告商通过在节目内容传播过程中插播广告来获取曝光机会,用户通过贡献了自己的收视时间,使得更多的广告商愿意在节目内容中插播广告。同时,随着节目内容的日益多样化和质量的不断提升,用户也逐渐需要为收看的节目付费。基于前文的分析及图4-6可知,广告商的广告费和用户的订购费在2005—2015年内保持着同步增长的趋势,两者数值不相上下,这也进一步说明广告商和用户对有线电视发展的作用都不可小觑。

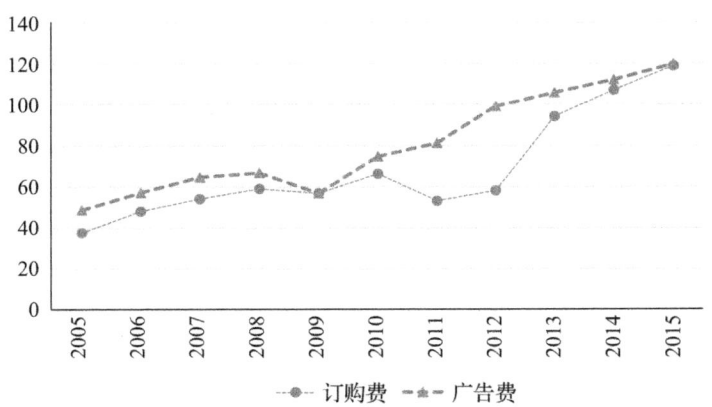

图4-6 用户订购费与广告费对比(2005—2015年)(单位:亿元)

资料来源:《国际通信市场报告》(2006—2016)。

但是随着数字技术的发展,广告商和用户之间也会因为各自的网络外部性交织影响而产生相互抵消的作用。用户不仅可以使用电视满足自身需求,而且可以任意选择自己喜欢的终端,并在节目内容欣赏过程中过滤掉自己不感兴趣或不需要的信息,比如广告。数字技术不断增强着用户的自主性和自由度。相比于电视产业发达的国家,我国付费用户的ARPU值在2008—2016年内保持着缓慢的增长速度(图4-7),且基数仍较低。这表明付费电视的市场运作能力以及用户的可接受程度还有待进一步培养。从2015年我国31个省市自治区付费数字电视用户占数字电视用户的比例[①]可知,这一比例在各地区的差别非常大。其中,山西省比例最小,仅达到3.44%,上海达到23.23%,而青海的占比达到59.49%。可见,全国范围内因为移动网络、不同文化消费产品以及经济发展水平的不同,这一占比表现得极不均衡。电视产业还需在内容生产、服务响应和设备便利方面做出更多努力,以推动付费比例的提高。

此外,随着新兴媒体的种类和内容的不断多元化和个性化,广告商可以借助多种新媒体界面实现广告的最大效应,同时用户也有了更多的备选娱乐终端。种种

---

① 数据取自《中国广播电视年鉴》(2016)。

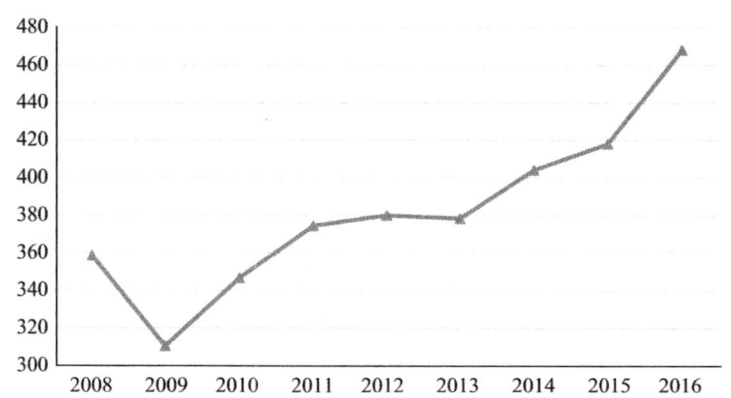

图 4-7 付费电视用户的 ARPU 值变化走势（2008—2016 年）（单位：元）

资料来源：《国际通信市场报告》(2010—2016)。

因素都在增强广告商以及用户的议价能力。

（5）供应商

根据"三网融合"背景下有线电视发展的业务特点和建设情况，可知其供应商主要来自节目内容提供商、网络设备制造商等上游产业，且每类供应商的议价能力也因相应的产业政策和市场环境而有所不同。一般而言，节目内容可以分为基本节目和增值服务节目。有线电视的基本节目主要是满足用户基本文化需求的公共信息，这些公共信息多半有着政治宣传属性和公益性两大特征。根据基本节目的来源，一般可将其分为来自中央政府和地方政府下属电视台提供的公共电视频道节目。增值服务则与基本节目服务相对应，以市场为导向，满足有线用户多元化的个性需求，突出节目内容与特定用户群体的个性化和专业化契合，依据用户的不同需求进行节目内容制作，如付费频道以及互动电视等。此外，随着有线电视内容优势的逐渐减弱，有线电视业开始与在线媒体开展战略合作以实现互利互赢（多表现为省市自治区级别的战略行为），有线电视业可以扩大内容的多元化，而在线媒体也可以扩大受众面，这些战略行为将进一步延伸有线电视的价值链。这些战略举措将内容供应商的议价战略转化为双方的合作共赢。

"三网融合"战略的实施、数字化技术改造以及下一代广播电视网（NGB）的建设，都要求有线电视产业加快网络的升级改造，需要在城市和农村家庭宽带接入能力水平分别实现 100 Mbps 和 50 Mbps，实现有线宽带全面普及。这一改造升级需要大量的资金投入，同时有线电视竞争的发展格局不断形成也对网络建设的质量提出了要求,这些无形中都加剧了网络设备制造商的议价能力。但与许多硬件和软件供应商签署的战略协议大大降低了由于选择不同供应商而产生的转换成本,从而进一步降低了这些供应商的议价能力。

(6) 互补者

"三网融合"加快了有线电视(广电)与电信的双向进入,两者既是相互竞争的关系,又可形成长期性战略结盟。前者有着相对的内容优势,后者有着成熟的市场运作能力和硬件传输能力。短期来看,有线电视和 IPTV 等形式的电信产品间存在着激烈的竞争关系,但长远来看,产品市场的不断开拓以及不同服务的捆绑将会增加用户的黏性,两者之间的战略联盟将促使资源共享和用户共享。

此外,内容/服务提供商和终端设备制造商也积极与有线电视结盟合作开发。基于大数据时代的有线电视网络公司收集的用户基础数据,内容/服务提供商将依据用户的历史偏好数据制作节目内容,终端设备制造商也可针对性地开发用户界面友好的设备。双方乃至多方的战略结盟使得各自的产业链得以延伸,用户信息和用户价值得以不断利用和挖掘。

(7) 分销商

早期,广电总局为了提高电视产业的运营规模,允许广电四级办网。但随着国家层面"三网融合"战略的推进,网络整合不断深化,由"省市自治区一张网"向"全国一张网"转变。在此背景下,有线电视若想在省市自治区甚至在全国范围内与竞争对手高效竞争,还需借助不同分销渠道的力量。有线电视产业运营公司还需借助异质性的节目内容成功落地于不同省市自治区的市场,以不断扩大用户范围。

此外,有线电视产业在发展过程中不断扩大国际业务范围。随着中央总体外交和对外战略的部署,有线电视产业积极发挥公共外交优势,贯彻落实中央"一带一路"倡议,不断开拓海外市场。以中央电视台国际频道为例,仅 2015 年海外用户就新增了 1 600 万户、酒店落地新增了 1 004 家,海外总用户突破 4 亿户、落地酒店房间突破 100 万家;汇集中央和地方特色频道、优秀节目的中国电视长城平台,全球付费用户超过 60 万户,并向网络新媒体延伸。同时,边疆省区有线电视业不断加大对周边国家的传播覆盖,通过积极参与亚太广播联盟(ABU)、亚太广播发展机构(AIBD)等广播电视专业国际组织活动,利用国际组织平台扩大有线电视的国际影响力[①]。

上述基于七力模型的分析表明,我国有线电视产业在受到竞争者、新进入者以及替代者威胁的同时,也得到了互补者和分销商的支持,以及较强的客户和供应商议价能力的协助。自 5G 商用以来,原先一直以有线电视作为招牌业务的广电跨界来到移动通信业,拿下 5G 牌照,一跃成为第四大通信运营商。随着有线电视的模拟信号转为数字信号,传输节目内容的带宽可以传输几百个数字频道,频道资源得到了丰富,已经有了给用户提供大量个性化频道的可能。不过,由于当前电视节目内容多同质化,外加当前的文化娱乐选择多元化,用户在选择娱乐消费时会呈现出分离状态。当然,获得工业和信息化部颁发的 5G 商用牌照,也为广电开展移动通信服务提供了可行的通道。未来,中国广电可以 5G 等新技术手段为抓手,在基础建设取得进展后,解决好业务、市场方面的难题,加快有线电视与移动通信业务的融合,进一步发挥平台的规模经济效应。

4.3 基于 Logistic 模型的动态演化探讨

有线电视产业的发展是一个持续的过程。随着新媒体及数字技术的发展,有线电视产业的内容节目种类及传输媒介不断增加。基于生态学的角度,有线电视产业的发展受到资源、产业规制政策以及技术等环境因素的影响和制约,同时,受制于用户总量的有限性。在脱离制度保护后,有线电视产业的市场化进程呈现出从萌芽期、成长期、成熟期到稳定期的发展过程。本节将基于生态学 Logistic 模型对有线电视产业的动态演化过程进行数理分析。

Logistic 曲线模型由比利时数学家 Verhulst 于 1838 年提出。此后,大量研究推动了 Logistic 模型的扩展和应用(Pearl et al.,1920;1929;1930)。随着 Logistic 模型的逐渐成熟,其在多个领域得以应用,如经济学、生物学等,也有研究对该模型的适用范围给予了界定(Johnson et al.,2004)。将 Logistic 模型应用到经济学领域的文献主要集中于研究产业发展、产业链演化、产业集群、产业共生等方面(郭莉等,2005b;郭莉,2005a;张萌 等,2008;唐强荣 等,2009;庞博慧,2012)。

依据 Logistic 方程分析有线电视产业演化问题的基本模型可以表示为:

---

① 数据来自《中国广播电视年鉴》(2016)。

$$y'(t)=\lambda y\left(1-\frac{y}{K}\right) \quad (4-1)$$

其中,$y'(t)$表示产业演化的速度,λ为内生增长率且$\lambda>0$,K为最大的市场承载容量(用户数量)且$K>y(0)$。

对式(4-1)求解得:

$$y(t)=\frac{K}{1+e^{(c-\lambda t)}} \quad (4-2)$$

其中,$y(t)$表示有线电视产业演化的状态。

式(4-2)中的参数c取决于函数的初始值,计算可得:

$$c=\ln\left(\frac{K-y_0}{y_0}\right) \quad (4-3)$$

当$t\to 0$,$y=\frac{K}{1+e^c}$,而当$t\to +\infty$,$y=K$。

可见,Logistic曲线方程有两条平行于X轴的渐近线,它们是现实中有线电视产业发展的上下界,即受到用户数量的绝对限制。

对模型(4-2)求一阶导,得到:

$$\frac{dy}{dt}=\lambda y\left(1-\frac{y}{K}\right)$$

由于$K>y$,因此$\frac{dy}{dt}>0$,可见该曲线模型是单调递增的。

二阶求导,得到:

$$\frac{d^2 y}{dt^2}=\lambda^2 y\left(1-\frac{y}{K}\right)\left(1-\frac{2y}{K}\right)$$

当$y<\frac{K}{2}$时,$\frac{d^2 y}{dt^2}>0$,此时有线电视产业处于快速发展阶段。

当$y>\frac{K}{2}$时,$\frac{d^2 y}{dt^2}<0$,此时随着有线电视及网络融合相近的多种产业的发展,各产业因用户选择转换而产生"拥挤效应"。

$y=\frac{K}{2}$是该产业发展曲线中的唯一拐点,此时有线电视产业的发展达到成长期的巅峰。

根据上述分析,可以将有线电视产业的发展划分为4个阶段:萌芽期、成长期、成熟期和稳定期,如图4-8所示。

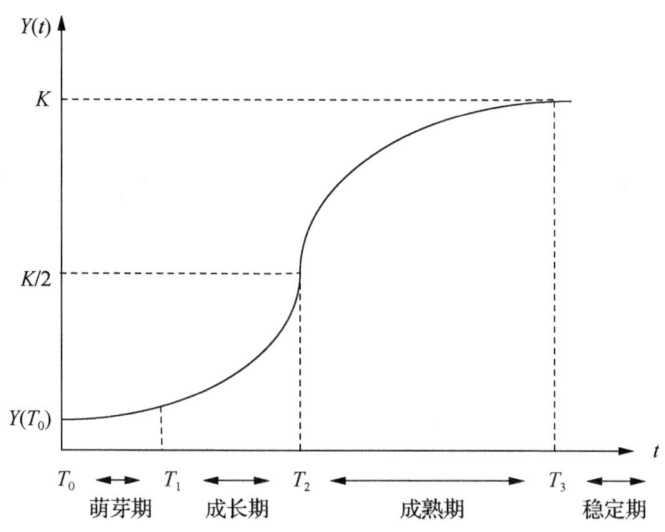

图 4-8　依据 Logistic 模型的有线电视产业发展阶段划分

一般而言，萌芽期的产业内市场主体密度和市场化程度较低，此时产业发展开始起步；成长期产业内的市场主体数量急剧增长，市场化竞争结构初步形成，产业发展加速；成熟期产业内的市场主体密度和市场化程度溢出处于相对成熟状态，此时的产业发展速度逐渐趋缓；稳定期产业内的市场主体基本处于饱和状态，此时的产业发展需要新的外力推动。根据我国有线电视产业的发展情况，可以初步判断其在现有技术的支撑下处于成长期和成熟期之间。为了使其继续发展并升级到成熟期状态，同时长期保持发展势头，不但要提高该产业的运营效率，更要借助链式整合使其跃迁到新的生态 Logistic 曲线。此外，通过与电信、互联网等行业之间的战略联盟实现内容共享和用户共享也是关键。

后续的第五章和第六章将分别从全要素生产率和产业经营效率两个角度，对我国有线电视产业的发展展开实证研究。在一般性产业分析的基础上，展现我国有线电视产业 2010—2019 年的发展状况，并进一步开展针对性的产业分析，以精确剖析有线电视产业的运营状况。这两部分的研究成果将相辅相成，共同构成第七章分析的基础。

第五章　有线电视产业全要素生产率的动态异质性

2016年,中华人民共和国中央人民政府发布的《中华人民共和国国民经济和社会发展第十三个五年规划纲要》中指出"十三五"时期的发展主线为:"贯彻落实新发展理念、适应把握引领经济发展新常态,必须在适度扩大总需求的同时,着力推进供给侧结构性改革,使供给能力满足广大人民日益增长、不断升级和个性化的物质文化和生态环境需要。必须用改革的办法推进结构调整,加大重点领域关键环节市场化改革力度,调整各类扭曲的政策和制度安排,完善公平竞争、优胜劣汰的市场环境和机制,最大限度激发微观活力,优化要素配置,推动产业结构升级,扩大有效和中高端供给,增强供给结构适应性和灵活性,提高全要素生产率。"2021年,中华人民共和国中央人民政府发布的《中华人民共和国国民经济和社会发展第十四个五年规划和2035年远景目标纲要》指出"十四五"时期要"推动高质量发展,必须立足新发展阶段、贯彻新发展理念、构建新发展格局。必须坚持深化供给侧结构性改革,以创新驱动、高质量供给引领和创造新需求,提升供给体系的韧性和对国内需求的适配性。必须建立扩大内需的有效制度,加快培育完整内需体系,加强需求侧管理,建设强大国内市场。必须坚定不移推进改革,破除制约经济循环的制度障碍,推动生产要素循环流转和生产、分配、流通、消费各环节有机衔接。必须坚定不移扩大开放,持续深化要素流动型开放,稳步拓展制度型开放,依托国内经济循环体系形成对全球要素资源的强大引力场。必须强化国内大循环的主导作用,以国际循环提升国内大循环效率和水平,实现国内国际双循环互促共进。"全要素生产率和效率是近年来经济发展关注的主题之一。

有线电视产业作为广播电视产业的重要组成部分,其发展受制于广电产业的总体发展水平。当前有线电视产业的发展已无法简单靠人力和资本等投资以及政策保护来拉动,而是进入了全面提高全要素生产率的全面竞争发展的新常态。广播电视产业作为舆论传播的主导产业,在"三网融合"时期,无论是被动或主动,都已逐渐演化为市场化文化类产业。为了引领产业转型升级,还需进一步提高全要素生产率。本章将借助 Malmquist-DEA 模型,基于中国省际有线电视产业发展过程中的投入产出变量,以各省份的有线电视业为研究对象,测算全要素生产率的变动情况,探求有线电视业全要素生产率变动的时间动态维和空间区域维差异,并进一步揭示 2010—2019 年我国有线电视产业效率差异演变的内在规律和机制,从而探究有线电视产业的发展现状及未来的可持续发展能力。

5.1 问题的提出

有线电视产业的发展演化轨迹表现为体制政策下,技术禀赋、市场结构及人口特征等多个因素的综合作用(Wan et al.,2009),时间轴向的演化分析将有助于我们观察各个时期的市场特性和主体行为。与传统的政府规制理论相一致,自然垄断性质的行业多是政府直接投资、垄断经营的发展模式。有线电视产业在长期的体制保护和自身发展背景下,呈现出区域性的自然垄断特点:在有线电视前期发展过程中,基础设施建设需要巨额的资金投入,并且这一巨额投资需要经历较长周期才能实现经济回报,同时在该产业的运营过程中也呈现出典型的用户规模经济等特点。

基于第三章中有线电视产业发展五个阶段的划分,可以发现在"初步建立"阶段,电视产业的发展完全由政府主导。随着国民经济以及产业发展不均衡程度的不断加深,有线电视产业的市场活力需要得到释放,首先是体制政策的放松,接着是技术的升级改造以及标准的确定,最后到"三网融合"时期市场竞争机制或主动或被动的初步建立。"快速发展"阶段四级(中央、省、市、县)办广电政策的推动使得各地纷纷成立电视台,呈现出由两级办台转向多级办台的事业发展格局,此时多元化的电视主体激发了市场活力,大大提升了该产业的发展规模和发展速度。广播电影电视部于 1990 年发布的《有线电视管理暂行办法》促进了有线网络和卫星技术的发展。"无序竞争"阶段中共中央、国务院于 1992 年发布的《关于加快发展第三产业的决定》,明确了广电产业的市场属性并进一步释放了市场的活力。"交叉竞争"阶段"三网融合"的积极推进并制定和完善了相应的网络标准,使各级网络得以实现互联互通和资源共享。2008 年,发展改革委、科技部、财政部、信息产业部、税务总局、广电总局等六部委联合发布的《关于鼓励数字电视产业发展若干政策的通知》改变了广电与电信业务不能交叉的政策规定,提出以有线电视数字化为切入点,广电产业主体可利用国家公用通信网和广播电视网等基础设施,提供数字电视服务和增值业务。《关于2009年深化经济体制改革工作的意见》的发布,进一步推动了广电和电信企业的双向进入。之后"三网融合"12个试点城市名单和试点方案的正式公布,标志着"三网融合"试点工作正式启动,也激化了广电、电信、互联网行业间的交叉竞争。"整合发展"阶段省网整合,全国基本呈现"一省一网"的信息传输格局。随着广电系统开展"三网融合"业务、建设下一代广播电视网的市场主体——中国广播电视网络集团有限公司的正式成立,电视产业的市场化有了风向标。2015年,国务院办公厅发布的《三网融合推广方案》使得"三网融合"工作进入全面推广阶段。2016年5月,中国广播电视网络集团有限公司获得了"基础电信业务经营许可证",使得其原有的业务范围被大大拓宽,增值业务可以延伸到"互联网国内数据传送业务"和"国内通信设施服务业务"。

回顾有线电视多年的发展历程,可知该产业的产业政策一直处于放权与收权、市场化与公共性之间的调整状态。电视产业的主体从完全垄断的事业单位逐渐向引入竞争后的企业化运作转型,传播技术也从无线电视与有线电视并行存在,过渡到有线电视独大、模拟电视向数字电视的整体转换。同时,电视产业开启了规制放松下的互联网及数据传输业务,以此锁定并拓展业务范围和客户群,形成了新的利润源和增长点。我国有线电视产业在"三网融合"战略和数字技术等要素的推动下迅速发展,其有线电视用户数及入户率(有线电视用户数占总的广播电视用户数)大幅度增长,"十二五"后期呈现平稳状态(图5-1)。

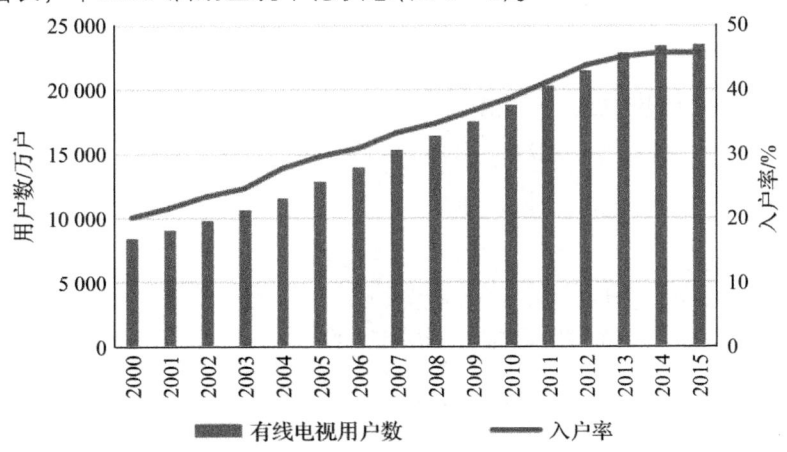

图5-1 有线电视用户数及其入户率(2000—2015年)

资料来源:《中国广播电视年鉴》(2001—2016)、《中国社会统计年鉴》(2001—2016)、《广电蓝皮书》(2011—2016)。

从广播电视产业总体来看,2007年的广播电视产业总收入为1 094.6亿元,到2015年,这一指标增长至3 925亿元,年均增长率达17.3%。进一步来看,按照我国八大经济区域的地域划分,横向比较不同经济区域之间的产业发展情况。由图5-2可知,八大经济区域中,北部沿海区域和东部沿海区域统计期内的总收入几乎占据了全国总收入的半壁江山,并呈上升趋势。这两个区域的年均增长率也高于全国平均水平,分别为21.16%和19.73%。广播电视产业的发展在全国八大经济区域呈现出了相对稳定但不均衡的态势。大西北地区、东北地区以及黄河中游地区,或因为经济发展状况等造成人们休闲娱乐时间减少,从而使得电视用户的需求降低,或因为该产业市场化程度不足引发的供给不足而长期处于占比较低的阶段,其相应的年均增长率也低于全国平均水平,分别为16.5%、10.85%以及13.57%。

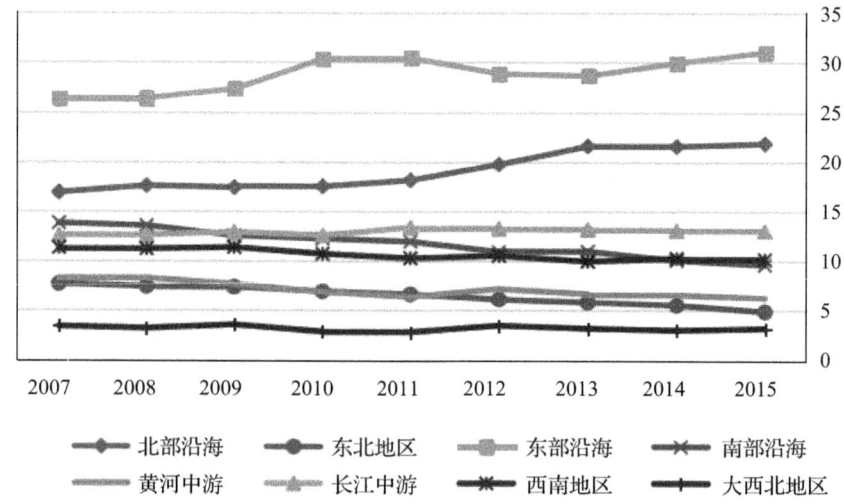

图5-2 八大经济区域①的广播电视产业总收入占比(2007—2015年)(单位:%)

资料来源:《中国广播电视年鉴》(2001—2016)、《中国社会统计年鉴》(2001—2016)、《广电蓝皮书》(2011—2016)。

---

① 根据国务院发展研究中心李善同和侯永志研究员等(2003年)完成的《中国区域社会经济发展特征分析报告》,将我国划分为东北、北部沿海、东部沿海、南部沿海、黄河中游、长江中游、西南和大西北的八大社会经济区域。其中:(1) 东北地区,包括辽宁、吉林、黑龙江三省;(2) 北部沿海地区,包括北京、天津、河北、山东二市两省;(3) 东部沿海地区,包括上海、江苏、浙江一市两省;(4) 南部沿海地区,包括福建、广东、海南三省;(5) 黄河中游地区,包括陕西、山西、河南、内蒙古三省一区;(6) 长江中游地区,包括湖北、湖南、江西、安徽四省;(7) 西南地区,包括云南、贵州、四川、重庆、广西三省一市一区;(8) 大西北地区,包括甘肃、青海、宁夏、西藏、新疆两省三区。注:为了做研究,此处不包括港澳台。

在大力加快有线电视网络建设的进程中,不仅要注重提高有线电视资源总量的投入,更要注重资源投入的效率。提高有线电视产业的全要素生产率将有利于提高相应的 ARPU 值。基于第三章的分析可知,我国有线电视产业近十几年已取得了快速发展,有线电视用户数已经趋于饱和,占家庭总用数的半数以上。此外,网络融合时代相关产业对有线电视市场的挤占已经越来越严重。此时,若仍采取粗放型生产方式,将难以为继。未来有线电视产业的发展还需围绕全要素生产率的提升,转向集约化生产。新古典增长理论认为,以生产要素扩张型为主的粗放型经济增长模式是不可持续的,提倡依据全要素生产率的提升来推动产业或经济的可持续发展(聂鹏,2011;刘劲松,2014)。总之,自然垄断时期可以靠资本和劳动等要素的大力投入来促进有线电视产业的发展,但若要实现该产业的可持续发展,还需从根本上提高投入要素的生产率。

本章将聚焦于中国省际有线电视产业的发展问题,基于合理有效的投入和产出指标,测算各省份有线电视业全要素生产率的变动情况,探求有线电视产业全要素生产率变动的时序特征和空间差异,并借助实证结果揭示差异演变的内在规律和机制。针对有线电视业全要素生产率的空间差异研究,将为我国有线电视产业的可持续发展提供理论参考和管理依据。广播电视产业在成为"第四大通信运营商"后,如何进行有效的区域联动战略部署?如何从供应侧和需求侧发力,带动该产业在落后地区的追赶型发展,使其成为国民经济发展的新增长极?这些问题都有待于对全要素生产率的全面解构和深度挖掘。提高全要素生产率,将是有线电视产业实现区域联动和资源(技术、知识等)区域溢出,乃至中国未来经济增长的主要途径。

5.2 全要素生产率测度模型

就数理意义而言,生产率是指每单位投入的产出量,用来衡量不同生产要素的利用情况,相应的投入变量包括人力、物力、资本等多种资源。生产率的大小不仅反映每个投入的利用率外,还可以反映各生产要素之间的配置效率、管理水平及规模有效性。此外,它还可以间接反映技术进步等外界、社会因素对生产过程的影响。基于生产率测算方式的不同,可将其分为偏要素生产率、全要素生产率和总生产率三种(戴小勇,2016)。偏要素生产率仅测度某单一生产要素与产出之间的效率关系;全要素生产率则是研究除劳动力和资本等基本投入要素之外的其他要素对产出增长的贡献;总生产率是研究最广泛的一种生产率,是针对全部生产要素所引发的生产率变化的研究。全要素生产率因其在分析过程中综合考虑了全部投入和产出要素对生产过程的影响,可以较为客观全面地反映经济系统的综合效益。近年来,有线电视产业正经历着技术进步、效率改进以及业务融合下的规模经济发展进程。此时,借助全要素生产率方法测算被评价单元在不同时间节点的生产能力变化率就颇具实践意义。

全要素生产率增长率的变动主要受技术效率变化率、技术进步、配置效率和规模经济性四个因素的影响。其中,技术效率变化率是指在一定技术水平下,实际得到的产出与前沿面产出之间的比率;技术进步是指在投入不变的情况下,产出随时间的变化,而这变化是由生产可能性边界的移动造成的;配置效率是在产出一定的情况下,通过调整投入比例来实现成本经济的生产可能;规模经济性是衡量一个组织是否处于规模最优的状态。

全要素生产率增长率的测度主要借助两种方法:参数方法和非参数方法。前者需确定被评价单元的随机前沿生产函数,生产函数的精确性将直接影响到最终评价结果。后者则不依赖于生产函数,而是直接借助投入和产出变量即可,多是结合数据包络法来分析。由于有线电视产业的自身特性,现有研究多借助非参数方法来对其生产率进行深究,其中较有代表性的为 Malmquist-DEA 模型。

Malmquist 指数法由 Malmquist 于 1953 年提出(Malmquist,1953)。1982 年,Caves、Christensen 和 Diewert 开始将这一指数应用于测算生产效率的变化情况(Caves et al.,1982a;1982b)。之后,Färe 等人基于数据包络分析模型构建了 Malmquist 生产率指数,用于测度不同被评价单元在不同时期生产率的变动情形,并做了相应的拓展研究(Färe et al.,1978;Färe et al.,1992;Färe et al.,1998;Färe et al.,2011)。

基于 DEA 实现的 Malmquist 指数法被称作 Malmquist-DEA 模型。该模型的优点是其依托于数据包络分析方法,不需要事先设定具体的函数形式或分布假设来制约前沿函数,且相关投入和产出的数据比较容易取得。同时,该模型不受不同单位的约束,适用于不同时期跨度的多个地区甚至不同产业和所有制的样本效率比较。因此,本章选择 Malmquist-DEA 模型对不同地区、不同时期的有线电视产业的运行动态效率进行评价,探索在不同生产技术条件下,2008—2015 年间我国

31个省市自治区的动态效率走势,探寻有线电视产业整体效率提高及市场化转型的有效途径。

考虑面板数据 $I\times T$,有生产决策单元$(i=1,2,\cdots,I)$在时间序列$(t=1,2,\cdots,T)$内。这些决策单元使用投入变量 $x\in R_+^N$ 来生产产出 $y\in R_+^M$。时间 t 时期的技术可以用产出距离函数来定义:

$$D_0^t(x,y)=\min\{\varphi>0\mid(x,y/\varphi)\in T^t\}$$

此处假定技术满足规模报酬不变。

由 Färe 等(1978)等定义的 Malmquist 全要素生产率指数的公式如下:

$$M_0(X^{t+1},Y^{t+1},X^t,Y^t)=\left[\frac{D_0^t(x^{t+1},y^{t+1})}{D_0^t(x^t,y^t)}\times\frac{D_0^{t+1}(x^{t+1},y^{t+1})}{D_0^{t+1}(x^t,y^t)}\right]^{1/2}$$

$$=\frac{D_0^{t+1}(x^{t+1},y^{t+1})}{D_0^t(x^t,y^t)}\left[\frac{D_0^t(x^{t+1},y^{t+1})}{D_0^{t+1}(x^{t+1},y^{t+1})}\times\frac{D_0^t(x^t,y^t)}{D_0^{t+1}(x^t,y^t)}\right]^{1/2}$$

惯用做法:令 $\text{TEC}_0=\dfrac{D_0^{t+1}(x^{t+1},y^{t+1})}{D_0^t(x^t,y^t)}$

$$\text{TC}_0=\left[\frac{D_0^t(x^{t+1},y^{t+1})}{D_0^{t+1}(x^{t+1},y^{t+1})}\times\frac{D_0^t(x^t,y^t)}{D_0^{t+1}(x^t,y^t)}\right]^{1/2}$$

其中:$D_0^t(x^{t+1},y^{t+1})$代表以第 t 时期的技术水平来衡量第 $t+1$ 时期的效率水平;

$D_0^{t+1}(x^t,y^t)$代表以第 $t+1$ 时期的技术水平来衡量第 t 时期的效率水平;

$D_0^t(x^t,y^t)$代表以第 t 时期的技术水平来衡量当期的效率水平;

$D_0^{t+1}(x^{t+1},y^{t+1})$代表以第 $t+1$ 时期的技术水平来衡量当期的效率水平;

TEC_0 用来测度技术效率的变化程度,每个被评价单元与生产可能性边界之间的距离;

TC_0 用来测度技术前沿面的移动变化情况[①]。

使用 Malmquist 指数可以衡量各个省市自治区有线电视产业在相邻时期(t 和 $t+1$)整体生产率的变化情况。若 $M_0>1$,意味着从 t 时期到 $t+1$ 时期的全要素生产率为正。若 $M_0<1$,意味着从 t 时期到 $t+1$ 时期的全要素生产率为负。

后文将借助 Malmquist-DEA 法对有线电视产业的全要素生产率增长构成进行有效分解,通过技术进步、技术效率变化、规模效率以及配置效率等分解指标来反映现实产业运行状况,为提高有线电视产业的全要素生产率提供实践依据。

[①] 基于 DEAP 软件的输出结果的格式,本章的实证部分将借用 Effch 表示 TEC,借用 Techch 表示 TC。

5.3 指标与数据

5.3.1 投入产出指标

在选取投入产出指标的时候,需要考虑投入指标组内、产出指标组内的线性不相关关系以及投入产出之间的线性相关关系。本书借鉴了 Sueyoshi(1994)、Cooper 等(2000)和 Charnes 等(1994)对指标的一般规定,以及较成熟的已有研究(Asai,2005a;2005b;2006;2011;Jitsuzumi et al.,2003),同时考虑相应统计年鉴的数据可得性。

在借助 DEA 模型评价产业发展效率时,投入和产出变量的选取对评价结果的准确性起着关键作用。在已有研究中,不同研究者从不同角度选用不同的投入和产出变量,导致结果有着较大差异。现有基于有线电视产业效率的研究较少,但是鉴于有线电视产业与电信产业同属于网络传输的信息产业,此处我们一并回顾有线电视产业和电信产业效率评价中选用的指标(表 5-1)。

从表 5-1 可以看出,接入线路、电话机主线、总资产、运营投资、劳动力等涉及人、材料及资本三大方面的变量常被作为主要的投入变量;运营收入以及服务人数常被作为主要的产出变量。Anderson 等(2015)指出传媒产品的典型共性特征:高固定成本、异质性偏好以及广告商的经费支持,这些特征的存在也深刻影响着有线电视产业投入产出指标的选择。基于上述已有文献以及前文的研究,此处对投入的变量选择也从三方面入手:劳动、资本及材料。关于劳动投入的数量,由于现有年鉴的人员统计基于工种分类,难以准确核实哪些人员仅参与有线电视产业的运作。同时,有线电视产业长期的自然垄断和事业编制运行模式可能造成从业人员的多余聘用现象。因此,若单纯以人员数量为投入变量,将不能有效核实劳动投入。此外,选择当年电视节目制作时间为其代理变量。材料投入变量仅关注有线电视运营主线长度,因为(广播)电视台数、电视转播发射台数随着数字技术的推进,变化不大或呈波动式变化(随着有线电视产业的进步,有些数量在部分年限却呈现收缩趋势),因此将其看成固定资产变量而不做为此处的逐年投入变量。

产出变量的选择要基于可持续发展的理念,从经济和社会两个角度来选择产出指标,此处暂不考虑环境视角的产出变量。顾成彦等(2008a)指出,在免费电视

表 5-1 现有典型文献的指标梳理

文献	分析对象	投入指标	产出指标
Sueyoshi(1994)	24个OECD国家的电信产业	投资 主线 全部雇员	电信运营收入
Sueyoshi(1998)	NTT①的生产效率和规模收益	总资产 全部接入线路 人员	全部运营收入
Fuss(1994)	Bell 加拿大公司	资本 主线 劳动力	本地服务 设备使用服务 其他多种服务
Lien等(2001)	24个OECD国家的电信业	运营投资 电话主线 人员	全部运营收入
Uri(2001)	美国电信市场	资本 材料 劳动力	本地接入服务 州内接入服务 州际接入服务
顾成彦等(2008e)	中国电信业	员工数量 总资产 资本支出	运营利润 财务表现 主营业务收入和其他收入
王博文等(2011)	中国电信业	信息传输服务业职工人数 本地电话局用交换机容量 移动电话交换机容量 长途光缆线路长度	电信业务总量
马婧等(2015)	中国广电产业	资产总额 从业人数	除财政收入以外的广电单位全年实际创收收入
朱依曦等(2015)	中国有线电视产业	劳动力投入 材料投入 资本投入 （中间变量：自制内容）	广告收入 电视费收入

注：Nippon Telegraph and Telephone（简称：NTT），日本电报电话公司。

模式下，广告收入成为产业链增值和网络运营商的唯一收入来源，但随着有线付费电视的普及和数字电视信号的整体转换，各地有线运营商可以向用户收取少量的基本收视维护费以及增值服务费。此外，鉴于频谱资源的有限性和稀缺性，异地卫视频道需要向本地有线网络运营商支付"落地费"才能获得更高的收视率（此处主要是体现收视率对广告收入的增值效应),但是由于可获得数据结构的局限性以及避免落入不同省份网络运营商之间的微观市场竞争关系分析,此处将"落地费"统一归入"网络收入"里。同时基于现有主要参考资料来源:如《中国社会统计年鉴》《中国广播电视年鉴》《中国统计年鉴》《中国广播电影电视发展报告》等年鉴中关于有线电视产业的收入数据,有总收入、广告收入、网络收入以及有线电视用户数等多项统计指标。总之,本章基于可持续发展角度考虑,将产出指标分为两类:一是将有线电视产业业务总量作为产出指标,选取广告收入和网络收入,代表产业发展的经济效益;二是将已有用户接入数量作为产出指标,代表价值增值的社会效益。

综上以及李亮等(2003)、罗艳(2012)的研究,本章的指标选择见表5-2。

表 5-2　第五章投入产出指标

变量	子指标名称	符号	单位
投入指标	电视节目制作时间	X1	万小时
	有线广播电视传输干线网络总长	X2	万千米
产出指标	广告收入	Y1	亿元
	网络收入	Y2	亿元
	有线电视用户数	Y3	万户

5.3.2　数据来源

考虑到数据的可得性及有线电视发展的现实情况,我们的年份跨度取10年(2010—2019)。本章数据来源于《中国社会统计年鉴》(2011—2020)、《中国广播电视年鉴》(2011—2020)的2010—2019年全国31个省市自治区的统计数据;相应的价格指数资料来源于《中国统计年鉴》(2011—2020)。

5.3.3　数据平减处理

由于本章的实证分析是关于跨度较长的不同年份的动态比较,其中的个别指标因包含了价格变动的因素而不能准确地反映实物量的实际变动情况。因此,需要对包含价格因素的指标进行平减处理,使得不同年份之间的指标具有可比性。对于具有经济价值的指标,本书参考《中国统计年鉴》,以2008年为不变价格,利用逐年价格指数进行了逐年平减处理。其中,电视节目制作时间以及有线电视用户数是刻画现实的绝对数值,不包含价格因素,因此不用对其进行数据平减处理。借鉴成熟的通行做法(陈诗一,2011;王小鲁 等,2009)以及相关考虑产业特性的做法(朱依曦 等,2015),本书利用价格指数对与价格有关的指标进行价格平减,利用文化娱乐类居民消费价格指数对广告收入及网络收入进行价格平减(具体操作:以2010年为基数100,将2011—2019年换算成以2010年为基期的平减指数)。

5.3.4 数据描述性统计

本节对平减后的数据做基本的描述性统计。表 5-3 给出了 2010—2019 年间的 31 个省市自治区相关指标的平均数值和方差。本章的实证分析共涉及 31 个省市自治区的 10 年数据,共 310 个样本值。所有数值均取自相关年鉴中的年末数据。

表 5-3 31 个省市自治区投入产出指标的平均值和方差(2010—2019 年)

省市自治区	指标	电视节目制作时间/小时	有线电视传输干线网络长度/万千米	电视广告收入/亿元	有线电视网络收入/亿元	电视用户数/万户
北京	均值	158 714.56	20.74	64.25	30.59	565.87
	方差	41 211.46	2.86	12.48	6.93	47.66
天津	均值	25 903.89	0.59	6.98	10.14	327.09
	方差	5 251.98	0.13	3.51	1.47	31.49
河北	均值	170 337.44	15.41	13.45	21.89	817.06
	方差	17 782.71	3.65	2.55	4.47	79.81
山西	均值	98 639.11	9.07	6.68	9.97	458.31
	方差	16 698.20	1.72	1.30	1.38	49.87
内蒙古	均值	74 609.78	3.46	3.11	14.33	300.35
	方差	6 298.11	0.64	0.64	2.72	46.07
辽宁	均值	174 007.33	9.91	16.42	24.54	848.43
	方差	9 449.50	4.23	5.18	3.87	101.86
吉林	均值	101 130.33	6.81	9.10	19.56	512.01
	方差	12 200.41	3.92	1.50	1.86	52.73

续表

省市自治区	指标	电视节目制作时间/小时	有线电视传输干线网络长度/万千米	电视广告收入/亿元	有线电视网络收入/亿元	电视用户数/万户
黑龙江	均值	102 155.44	12.91	13.29	20.41	648.17
	方差	8 538.52	5.49	3.00	2.90	61.53
上海	均值	58 764.33	4.63	56.49	33.08	596.57
	方差	10 124.53	0.56	8.35	5.33	97.80
江苏	均值	198 348.67	26.78	74.29	75.22	1 977.02
	方差	9 554.85	16.10	13.01	8.30	283.02
浙江	均值	169 673.44	19.92	82.08	67.45	1 436.29
	方差	15 104.77	9.82	21.59	10.61	77.34
安徽	均值	78 084.78	4.59	29.30	13.96	735.04
	方差	3 692.47	1.08	6.44	1.72	131.08
福建	均值	66 754.89	13.59	12.79	25.41	707.51
	方差	5 873.36	4.67	3.14	6.72	30.29
江西	均值	94 804.78	11.08	13.74	16.39	597.20
	方差	5 718.95	2.29	2.92	2.70	56.50
山东	均值	222 877.67	36.84	40.68	50.54	1 786.84
	方差	23 893.75	5.20	6.38	8.91	93.31
河南	均值	140 926.00	13.29	17.44	15.25	962.43
	方差	3 779.08	6.13	5.81	2.96	88.55
湖北	均值	103 527.44	18.23	18.29	34.29	1 055.98
	方差	6 717.05	9.12	5.16	4.94	27.23
湖南	均值	131 355.56	11.82	91.05	30.08	949.86
	方差	8 139.64	1.02	14.58	5.82	194.66
广东	均值	235 521.78	22.72	57.11	74.82	1 917.76
	方差	62 429.39	4.35	15.35	7.88	117.95
广西	均值	90 877.22	7.14	7.75	21.52	636.06
	方差	11 446.66	5.38	2.31	4.60	74.91

续表

省市自治区	指标	电视节目制作时间/小时	有线电视传输干线网络长度/万千米	电视广告收入/亿元	有线电视网络收入/亿元	电视用户数/万户
海南	均值	20 584.33	0.72	4.64	3.87	128.11
海南	方差	5 399.59	0.41	1.30	0.35	39.67
重庆	均值	61 845.67	11.47	8.47	20.65	516.37
重庆	方差	5 359.36	5.58	1.04	4.33	105.05
四川	均值	140 961.78	27.76	18.74	42.81	1 272.04
四川	方差	21 157.18	19.41	5.74	7.53	157.44
贵州	均值	41 206.89	9.41	11.74	19.41	504.99
贵州	方差	4 496.83	7.09	2.76	7.19	148.41
云南	均值	110 243.22	7.84	11.07	16.35	465.35
云南	方差	23 306.96	3.66	1.78	1.61	58.85
西藏	均值	13 531.56	0.43	0.96	0.44	22.31
西藏	方差	4 200.67	0.06	0.58	0.09	2.40
陕西	均值	118 548.78	4.66	10.72	18.58	669.65
陕西	方差	9 869.65	1.22	3.50	2.38	61.35
甘肃	均值	66 824.22	4.20	2.89	6.76	204.72
甘肃	方差	5 901.17	2.04	0.67	1.62	15.59
青海	均值	18 104.89	0.64	0.59	2.18	66.09
青海	方差	3 273.06	0.07	0.18	0.35	18.77
宁夏	均值	26 254.11	1.03	2.14	2.92	93.09
宁夏	方差	2 219.23	0.40	0.73	0.58	13.05
新疆	均值	94 016.22	4.72	2.83	7.36	225.71
新疆	方差	15 989.75	0.93	0.72	1.32	43.02

5.4 实证分析

此节将利用DEAP2.1软件,对2010—2019年我国31个省市自治区的动态效率值进行测度。Coelli 等(1998)在其研究中指出:一般来说,在运用 DEA 模型的时候,选择投入导向或产出导向对产业效率评价的结果不会产生重大影响,一般以互为倒数的结果来反映被评价对象的效率得分。但有线电视产业属于网络平台产业(顾成彦 等,2008a),有着典型的网络外部性特征,即用户在享有有线电视节目内容时所获得的效用,不仅取决于有线电视节目和服务质量,还与连接到有线电视网络运营商这个平台载体的其他用户数量有关。和所有的传媒企业一样,对于有线电视网络运营商来说,网络基础设施的规模建设是一种沉没成本。产业发展决策者需考虑的是,在现有网络规模(不变成本)以及人员和资本投资等(可变成本)情形下,尽可能多地扩大业务量,以获得更多的用户接入并增加广告收入。因此,此处我们将选择产出导向的 DEA 模型,在保持投入不变的前提下,将产出最大化。

接下来,本节将从动态角度对 31 个省市自治区以及八大经济区域的有线电视产业发展情况做异质性分析,分别从技术进步的"增长效应"和技术效率的"水平效应"进行解构。

5.4.1　有线电视产业时间维度的 TFP 异质性

表 5-4 是 2010—2019 年中国有线电视产业全要素生产率(TFP)的 Malmquist 生产指数及其组成部分的变化数值。从表 5-4 的最后一行可以看出:2010—2019 年间,中国有线电视产业的 TFP 平均变化率为 −0.9%,因为技术效率提高的平均增长率为 3.1%,规模效率的平均增长率达到 1.9%,即在这十年期间,有线电视产业总体呈现出微弱的规模经济特征,纯技术效率的平均增长率为 1.2%,表明相较于纯技术效率,规模效率是技术效率提高的主要原因。而技术进步则表现出了总体负增长趋势,平均增长率为 −3.0%,表明在这十年期间,技术进步并没有显著促进有线电视产业的发展。总的来说,技术效率是中国有线电视产业 TFP 增长的主要动力,而技术进步却对 TFP 增长有着微弱的负面影响,有线电视产业的发展整体呈现出较小的规模经济特征。

表 5-4　有线电视产业的全要素生产率分解指标(2010—2019 年)

年份跨度期	Effch（技术效率）	Techch（技术进步）	Pech（纯技术效率）	Sech（规模效率）	Tfpch（全要素生产率）
2010—2011	1.132	0.896	1.026	1.103	1.014
2011—2012	1.089	0.911	1.116	0.977	0.992

续表

年份跨度期	Effch（技术效率）	Techch（技术进步）	Pech（纯技术效率）	Sech（规模效率）	Tfpch（全要素生产率）
2012—2013	1.120	0.823	1.012	1.107	0.922
2013—2014	1.080	0.957	1.006	1.074	1.034
2014—2015	0.985	1.080	0.940	1.048	1.063
2015—2016	0.908	1.070	1.007	0.902	0.972
2016—2017	0.954	0.980	0.955	0.999	0.935
2017—2018	0.888	1.146	0.985	0.901	1.017
2018—2019	1.123	0.864	1.063	1.056	0.970
平均值	1.031	0.970	1.012	1.019	0.991

从时间序列的变化趋势来看，中国有线电视产业的 TFP、技术效率、技术进步在这十年的考察期内呈现出较大差异的变化趋势，在不同年份跨度期内，其 TFP 增长的主要贡献来源也不一样。"十二五"时期的 TFP 具体表现为先正向增长（2010—2011 年），接着两年负向增长（2011—2012 年、2012—2013 年），最后两年呈现正向增长（2013—2014 年、2014—2015 年）。其中：2010—2011 年，TFP 呈现增长趋势，增长率达到 1.4%，而这增长的背后是因为技术效率变化水平呈现正向增长，其为 TFP 增长的主要因素，同时技术进步却对 TFP 增长有一定抑制作用；2011—2012 年、2012—2013 年，TFP 呈现负增长趋势，而这一负增长现象都是由于技术效率变化的正向增长程度无法抵消技术进步的负向增长程度，其中 2011—2012 年技术效率变化的平均增长率为 8.9%，技术进步的平均增长率为 -8.9%；2012—2013 年技术效率变化的平均增长率为 12%，技术进步的平均增长率为 -17.7%。好在这种趋势在接下来的两年里有所好转，但这两年的具体表现却明显不同：2013—2014 年间，TFP 增长率为 3.4%，其中技术效率变化延续前三年的正向增长，保持 8% 的增长率，但技术进步的平均增长率仍为负值，为 -4.3%；而 2014—2015 年间，TFP 增长率为 6.3%，其中技术效率变化从前四年的正向增长转为负值，平均增长率为 -1.5%，但技术进步的平均增长率却有了较大改善，达到 8%。

"十三五"时期总体表现不佳,除了 2017—2018 年外,TFP 均呈负增长趋势:其中 2015—2016 年的 TFP 为 -2.8%,而造成这一结果的原因是技术效率负增长;2016—2017 年的 TFP 为 -6.5%,而造成这一结果的原因是技术效率和技术进步双方的负增长;2017—2018 年的 TFP 有所回升,达到 1.7%,而这一正向增长的原因是技术进步的正向增长抵消了技术效率的负增长;技术进步的正向增长并未得以延续,在 2018—2019 年又呈现出技术效率的正向增长,而技术进步呈负向增长的状态,总体的 TFP 仍为负值,为 -3%。

综观这十年技术效率和技术进步的数值,可以看出有线电视产业 TFP 变动的构成存在明显的"偏科"现象,即技术效率的变化率与技术进步的变化率几乎完全呈反向变动趋势(个别年份除外),即在该研究周期内,当技术进步为正时,技术效率为负;而当技术效率为正时,技术进步为负。剖析技术效率的组成,可以看出随着数字技术的发展,相比规模效率,纯技术效率对技术效率的贡献,与规模效率差别不大。

5.4.2 有线电视产业省际维度的 TFP 异质性

表 5-5 给出了 2010—2019 年中国 31 个省市自治区有线电视产业 TFP 的 Malmquist 生产率指数及其详细的分解结果,从表中的数值可以明显看出各省市自治区有线电视产业 TFP 的增长趋势及其主要贡献来源存在着显著差异,省市自治区之间 TFP 的数值存在着较大的空间差异性。从 TFP 具体数值的正负向来看,得分为正的省市自治区有 13 个,得分为负的省市自治区则有 18 个。分解来看,技术效率变化得分中仅有 10 个省市自治区是负值,其余 21 个省市自治区都是正值;而技术进步的得分中仅有 2 个省市自治区(上海、湖南)是正值,其余都为负值。

在 TFP 总体呈现正向增长趋势的省市自治区(13 个)中:技术进步与技术效率变化均为正的省市自治区仅有上海,其 TFP 增长受到技术效率和技术进步的共同作用。其余 12 个均是技术进步为负而技术效率变化为正。可见,即便是 TFP 得分为正的省市自治区,在有线电视产业技术创新方面做得还不足,习惯于长期的技术复制发展模式。

表 5-5　31个省市自治区 TFP 变动及分解效率的平均值(2010—2019年)

省市自治区	Effch（技术效率）	Techch（技术进步）	Pech（纯技术效率）	Sech（规模效率）	Tfpch（全要素生产率）
北京	1.060	0.999	1.021	1.038	1.058
天津	1.000	0.942	1.000	1.000	0.942
河北	1.067	0.954	1.014	1.052	1.018
山西	1.112	0.946	1.053	1.056	1.052
内蒙古	1.072	0.942	1.066	1.006	1.010
辽宁	1.034	0.966	1.036	0.998	0.998
吉林	1.032	0.965	1.016	1.016	0.996
黑龙江	1.029	0.957	0.972	1.059	0.985
上海	1.000	1.016	1.000	1.000	1.016
江苏	0.976	0.978	1.000	0.976	0.954
浙江	0.959	0.997	0.977	0.981	0.956
安徽	0.992	0.966	0.993	1.000	0.958
福建	1.005	0.967	0.992	1.014	0.973
江西	1.048	0.958	1.000	1.048	1.004
山东	1.092	0.970	1.001	1.091	1.059
河南	1.028	0.942	0.982	1.047	0.969
湖北	1.012	0.956	0.962	1.051	0.967
湖南	0.910	1.031	0.996	0.914	0.939
广东	1.101	0.972	1.000	1.101	1.070
广西	0.966	0.969	0.999	0.967	0.936
海南	0.968	0.927	1.000	0.968	0.897
重庆	0.958	0.980	0.961	0.997	0.938
四川	1.086	0.960	1.005	1.080	1.042
贵州	0.948	0.966	0.954	0.994	0.915
云南	1.076	0.969	1.082	0.994	1.042
西藏	1.125	0.964	1.000	1.125	1.085
陕西	1.067	0.939	1.018	1.048	1.003

续表

省市自治区	Effch（技术效率）	Techch（技术进步）	Pech（纯技术效率）	Sech（规模效率）	Tfpch（全要素生产率）
甘肃	1.083	0.959	1.065	1.017	1.039
青海	1.074	0.926	1.177	0.913	0.994
宁夏	0.999	0.959	1.000	0.999	0.958
新疆	0.997	0.959	1.021	0.977	0.956
平均值	1.028	0.965	1.012	1.017	0.991

在TFP总体呈现负向增长趋势的省市自治区(18个)中：技术进步为正而技术效率变化为负的，仅有1个省市自治区，为湖南省；技术进步为负而技术效率变化为正的有8个省市自治区，分别为天津、辽宁、吉林、黑龙江、福建、河南、湖北以及青海；技术进步与技术效率变化均为负的省市自治区有9个，分别为江苏、浙江、安徽、广西、海南、重庆、贵州、宁夏以及新疆，这些省市自治区在技术效率和技术进步上都需加大力度。

5.4.3 有线电视产业区域维度的TFP异质性

为了进一步比较不同区域有线电视产业TFP的变化差异，本节在前文分析的基础上，从八大经济区域的空间集聚区来计算TFP的变化情况，具体结果见表5-6。八大经济区域除东部沿海、东北地区以及西北地区三大区域的有线电视产业TFP呈现正向增长趋势外，其余五大经济区域均呈现负向增长态势。而在TFP增长的动力来源上，全国范围内都表现出一致的结构：技术效率呈增长态势的同时，技术进步呈负向增长。可见在当前有线电视发展情况下，要想实现有线电视产业的可持续发展还需要提高各个经济区域的技术进步程度，不断带动全国有线电视产业的技术进步。

就有线电视产业的规模效率变化而言，南部沿海和西北地区的数值小于1，即表现为规模不经济，这可能是由于这两大区域的人员分布过于疏散，在推动该产业发展的同时，前期的基础设施投资过大。因此，南部沿海和西北地区若要提高有线电视产业的TFP，就必须转变单纯依靠简单的扩大再生产的观念，而逐步转向依靠技术进步来推动TFP的增长。其余六大经济区域还处于规模报酬递增的阶段。

表 5-6 八大经济区域的 TFP 变动及分解效率的平均值(2010—2019 年)

	Effch（技术效率）	Techch（技术进步）	Pech（纯技术效率）	Sech（规模效率）	Tfpch（全要素生产率）
北部沿海	1.199	0.881	1.092	1.091	1.048
东北地区	1.162	0.869	1.045	1.111	1.010
东部沿海	1.058	0.835	0.978	1.089	0.879
南部沿海	1.027	0.823	1.030	0.995	0.868
黄河中游	1.150	0.869	1.033	1.113	0.999
长江中游	1.130	0.855	0.983	1.150	0.965
西南地区	1.064	0.893	0.975	1.081	0.949
西北地区	1.306	0.873	1.723	0.990	1.135

第六章 考虑产业特性的有线电视产业效率评价

第五章基于我国有线电视产业 2010—2019 年的发展情况做了一般性的分析评价,并基于技术效率和技术进步进行了分解,从省际和区域多角度描绘了该产业的一般性发展路径和未来的升级方向。本章将在前文分析的基础上,进一步考虑有线电视的产业组织特点尤其是平台特征进行分析评价,先是对有线电视产业链进行分解,接着考虑数字技术时代的"用户外部性"在节目内容制作传输过程中的作用,针对性地提出改进的 DEA 模型——考虑用户外部性的含有反馈变量的多时期两阶段 DEA 模型,并在模型的设计和实证过程中,考虑了唯一解的算法,以聚焦分析有线电视产业的运营效率和未来的发展潜力。

6.1 问题的提出

2017 年 9 月,国家新闻出版广电总局发布的《新闻出版广播影视"十三五"科技发展规划》指出了当时广电行业的短腿:"广播电视台全媒体综合制播能力不足:各级广播电视台基本上都没建立起面向全媒体、不同传输网络、不同接收终端的综合制播系统,且制作流程复杂,制播效率不高,新业务制播能力增强的敏捷性不够。"可见,当年有线电视产业发展的大环境还需整合,制播系统的效率还有待提高。同时,2014 年 8 月 18 日,中央全面深化改革领导小组第四次会议审议通过《关于推动传统媒体和新兴媒体融合发展的指导意见》,对传统媒体与新兴媒体融合发展进行了战略部署和顶层设计,指出广电传播模式、运营模式、服务模式亟待全面转型,归根结底,需要以"用户导向"为核心来转变有线电视的服务模式,并在此基础上改进传播模式和运营模式(其中较重要的关注点为盈利模式)。国家广播电视总局于 2021 年 10 月 9 日发布的《广播电视和网络视听"十四五"发展规划》指出,产业高质量发展,成为发展数字经济、扩大内需的强力引擎;科技创新有效赋能行业发展,智慧广电全业务服务模式基本建立。可见,随着用户对文化信息需求多元化的逐渐显现,社会对广电(尤其是有线电视)的制播和传输覆盖能力提出了更高要求。需要改变过去媒体单向传播、受众被动接收的方式,把"受众"升级为"用户",不断突破地点、时间以及终端的限制,实现多维度、多渠道的精准化内容传播和个性化需求满足,并以用户的网络外部性为切入点,深入分析有线电视产业链的构成与产业运作特征。较多研究从广告的"负外部性"出发,借助博弈模型进行有线电视产业的理论分析和相应的社会福利分析(朱振中 等,2007;程贵孙,2010;程贵孙 等,2009a;程贵孙 等,2009b;程贵孙 等,2006),而鲜有基于用户的"正外部性"的实证研究。区别于一般的产品,有线电视产业的规模经济和收入来源于受众规模,而不是产量规模(谢江林,2013),效率的提升及产业的可持续发展都需依托用户的支持。

当有线电视发展到市场化转型的阶段时,在"三网融合"的交叉整合竞争中,如何实现其可持续发展? 已有较多的学者将 DEA 模型应用到企业或者行业的可持续发展研究(郭存芝 等,2016;朱光曦 等,2008;庄思勇 等,2010;武玉英 等,2006;曾珍香 等,2000;黄速建 等,2002;周水银 等,2000),但这些研究多基于经典模型进行产业发展分析,而鲜有从产业特性出发,改进评价模型以开展可持续性评价。已有的广播电视产业或有线电视产业基于 DEA 模型的产业评价分析大多从硬实力角度出发,分析其传播能力以及传输能力(Asai,2005a;2005b;2011;朱侬曦 等,2015;Paton et al.,2007)。然而,随着用户对文化产业需求的加深,还需在此基础上考虑服务能力的提升,即也应该从制播能力、传输能力以及服务能力等方面来考虑。在数字化时代,除了实现制播阶段的数字化、网络化制作和全高清化播出,以及传输阶段的宽带广电和有线无线卫星融合一体化、网络双向化和移动多媒体交互化建设外,还需增强有线电视产业的服务能力,即在硬件设施跟进的基础上提升用户的满意度和忠诚度。

本章在前述分析的基础上,将有线电视产业分为节目内容制播、节目内容传输两大阶段。鉴于数字技术时代的"用户外部性"[①]特征可以及时捕捉的现状,本章改进了经典的 DEA 测度模型,提出了含有反馈变量的多时期两阶段 DEA 模型。

---

① 基于广告商的完全经济属性的市场行为,此处基于有线电视产业可持续发展的研究暂不考虑广告商带来的负向的网络外部性。

依托有线电视产业 2017—2019 年的运作实践,本章对有线电视产业的各阶段和总系统进行了效率评价。一般来说,有线电视产业由设备产业链和内容产业链组成。其中,设备产业链是由业务层、网络层、终端层以及用户层构成的技术架构;内容产业链是由频道内容商、网络运营商以及相应的用户构成的社会层级。鉴于本章的产业效率分析以效率改进为目的,而设备产业链的效率多随内容产业链效率的提升而提升,且其效率提升的主动性较弱,也不具备有线电视产业的典型特性,因此本章主要以内容产业链为分析对象。

此外,关于 DEA 模型应用的一般性操作框架可参考 Golany 等(1989)、Cook 等(2014)等文献。

6.2 含有反馈变量的多时期两阶段 DEA 模型

本节将提出改进的含有反馈变量的多时期两阶段 DEA 模型,并在求解过程中给予了唯一解算法的设计。

6.2.1 改进模型的建立

有线电视产业属于网络平台产业(顾成彦 等,2008a)。除了在网络基础设施上的沉没成本外,产业发展决策者还需考虑在当前业务量保持相对不变的情形下,现有的网络规模(不变成本)以及人员和资本投资等(可变成本)可能缩减的范围。因此,可选择投入导向的 DEA 模型,在追求投入最小化的同时,保持产出不变。同时,由于本章的分析时限为 2017—2019 年,时间跨期较短,因此假设规模报酬不变。

经典的产出导向的 CCR 模型,即:

$$E_k = \text{Max} \sum_{r=1}^{s} \mu_r y_{r0}$$
$$\text{s.t.} \sum_{r=1}^{s} \mu_r y_{r0} - \sum_{i=1}^{m} v_i x_{ij} \leqslant 0$$
$$\sum_{i=1}^{m} v_i x_{i0} = 1$$
$$\mu_r, v_i \geqslant \varepsilon$$

(6-1)

此处,v_i 和 μ_r 是两个虚拟乘数变量,ε 是阿基米德无穷小,加载在两个乘数变量上以消除效率测度外部因素的影响(Charnes et al.,1984)。具体的指标定义为：假定有 n 个决策单元 $DMU_j(j=1,2,\cdots,n)$，相应的投入变量为 $X_{ij}(i=1,2,\cdots,m)$ 以及产出变量为 $Y_{rj}(r=1,2,\cdots,s)$。

考虑到基本的DEA模型是将有线电视产业的运作过程看成一个"黑箱"来做产业效率评价，故这种评价过程不考虑中间变量并忽略其内部的具体运营。随着评价工具的发展，已有较多学者深入产业链内部，并解构为一个线性结构以深入剖析各个阶段的效率表现(Seiford et al.,1999b；Chen et al.,2009a；Kao et al.,2008a；Liang et al.,2011)。在经典DEA模型的基础上，增加了中间变量 $Z_{dj}(d=1,2,\cdots,D)$，一般的两阶段研究基于纯线性系统，即第一阶段的产出全部作为第二阶段的投入，图6-1。

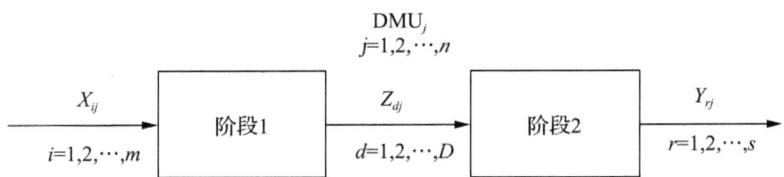

图6-1　基本的两阶段DEA模型

从"黑箱"到两个阶段的系统划分，为生产过程提供了更详细的信息，方便决策者在解构生产过程并分段评价后，识别出不同DMU的低效率生产阶段，以精确识别需要改进的阶段。

在基本的两阶段系统的基础上，Kao(2017)进一步展示了一般性的两阶段系统。在该系统中，第一阶段会有额外的产出，同时第二阶段也会消耗额外的投入，具体见图6-2。

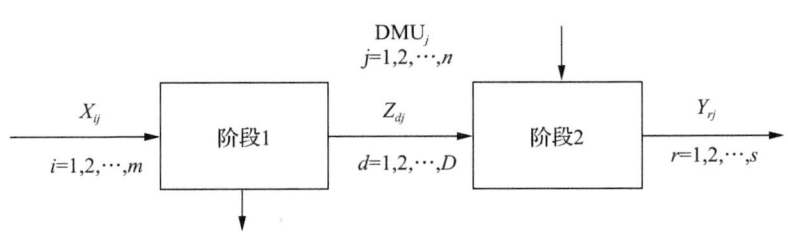

图6-2　一般性的两阶段系统

但是两阶段DEA模型在评价当前有线电视产业的效率时仍具有一定的不足，没有考虑到其特有的产业特性：用户的网络外部性。有线电视产业的现实运作中，用户的网络外部性表现为：基于有线电视的平台特性，当年的用户接入数将会影响下一年的产业发展。Liang 等(2011)将基本的两阶段 DEA 模型拓展为当第二阶段的产出(即系统的总产出)或某一产出作为投入变量反馈到第一阶段。图 6-3 描述了基本的含有反馈变量的两阶段 DEA 模型，变量 Z_{dj} 和 F_{gj} 是有双重角色的变量，其中前者称为"中间变量"，后者称为"反馈变量"，两者在生产过程中既担当投入变量，又扮演产出变量(Cook et al.,2006;Cook et al.,2007)。

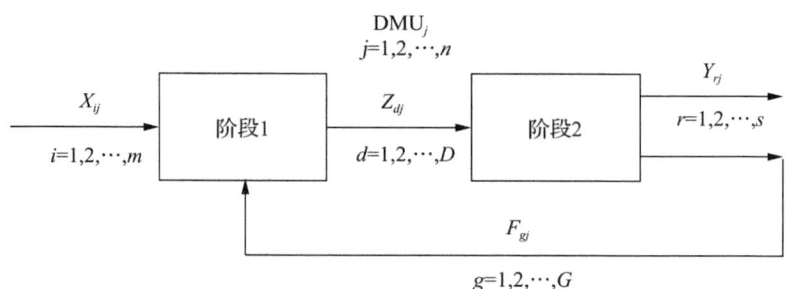

图 6-3　含有反馈变量的两阶段 DEA 模型

基于对有线电视行业一般生产过程的了解，可以发现反馈效应主要发生在两个相互关联的时期之间。也就是说，阶段 2 在当前时期 T 的一些最终输出，一般会进一步作为后续阶段 $T+1$ 阶段 1 的初始输入。

反馈变量对生产系统的作用，即以投入变量继续参加第一段的生产，肯定无法反馈到当期的生产，而是反馈到下一时期。或者说反馈变量的效果需要在下一时期才能显现，所以可以借助多时期分析来系统地分析有线电视产业的现实运作效率，并对各个决策单元进行有效评价。于是可以考虑引用多时期两阶段模型(Kao et al.,2014b)，并结合网络外部性特征，拓展出基于反馈属性的多时期两阶段 DEA 模型，进而推导出生产系统的总效率和各个分阶段效率之间的关系。图 6-4 描述了含有反馈变量的多时期两阶段决策单元的运作结构，假定该测度包含 q 个时期。结合前文对 CATV 行业系统的描述和上述一般多时期两阶段系统，同时参考 Kao 等(2014b)和 Wang 等(2019)的研究，此处提出了一般性多时期的两阶段系统模型，同时考虑跨周期的反馈效应，见图 6-4。

此处就该模型做必要的阐述：该模型用于测度一组 n 个决策单元(DMUs)的绩效，每个决策单元含有一个两阶段运行结构，考察决策单元 q 个时期的绩效情况。图 6-4 是具体的多时期的省级 CATV 运营系统的图形表达。其中，反馈变

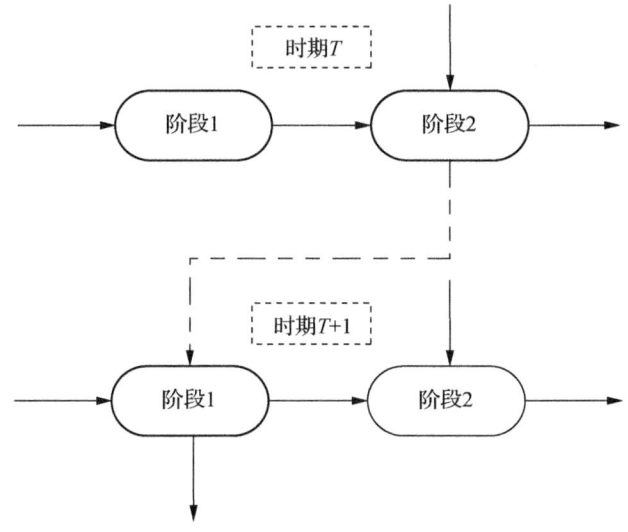

图 6-4 一般性的含有反馈变量的多时期两阶段模型

量,$F_{gj}^{(p)}(g=1,2,\cdots,G;j=1,2,\cdots,n;p=1,2,\cdots,q)$,连接着两个相连的时期。图 6-4 可以帮助更清楚地理解反馈变量的双重作用,即 $p-1$ 时期内容传输过程(第二阶段)的输出和 p 时期内容制作过程(第一阶段)的输入,流动方向在图 6-4 中以加粗形式突出显示。这种反馈变量的双重作用可以将先前累积的输出转移到多时期省级有线电视节目生产系统中的后续时期。类似地,中间变量 $Z_{dj}^{(p)}(d=1,2,\cdots,D;j=1,2,\cdots,n;p=1,2,\cdots,q)$ 连接每个时期的两个连续阶段。图 6-4 也有助于更清楚地理解中间变量在每个时期的双重作用,即第一阶段的输出和第二阶段的输入。这些中间变量的双重作用可以将第一阶段的输出作为投入,进入省级有线电视节目生产系统中的第二阶段。和相关学术研究保持一致性,$X_{ij}^{(p)}(i=1,2,\cdots,m;j=1,2,\cdots,n;p=1,2,\cdots,q)$ 代表阶段 p 第一阶段的投入变量,$L_{cj}^{(p)}(c=1,2,\cdots,C;j=1,2,\cdots,n;p=1,2,\cdots,q)$ 代表阶段 p 第一阶段的溢出变量,即该变量不作为投入进入相应时期的第二阶段,$EX_{ej}^{(p)}(e=1,2,\cdots,E;j=1,2,\cdots,n;p=1,2,\cdots,q)$ 代表阶段 p 第二阶段的额外投入,即第二阶段除了消耗第一阶段的部分产出之外消耗的其他投入,$Y_{rj}^{(p)}(r=1,2,\cdots,s;j=1,2,\cdots,n;p=1,2,\cdots,q)$ 代表阶段 p 第二阶段的最终产出。

相应地,$X_{ij}=\sum_{p=1}^{q}X_{ij}^{(p)}$ 代表决策单元 j (DMU$_j$) 在 q 个时期第一阶段的各投入变量 ($i=1,2,\cdots,m$) 的总和,$Z_{dj}=\sum_{p=1}^{q}Z_{dj}^{(p)}$ 代表决策单元 j (DMU$_j$) 在 q 个时

期各中间变量($d=1,2,\cdots,D$)的总和，$L_{cj}=\sum_{p=1}^{q}L_{cj}^{(p)}$代表决策单元$j$(DMU$_j$)在$q$个时期第一阶段的各溢出变量($c=1,2,\cdots,C$)的总和，$EX_{ej}=\sum_{p=1}^{q}EX_{ej}^{(p)}$代表决策单元$j$(DMU$_j$)在$q$时期第二阶段的各额外投入变量($e=1,2,\cdots,E$)的总和，$F_{gj}=\sum_{p=1}^{q}F_{gj}^{(p)}$代表决策单元$j$(DMU$_j$)在$q$时期第二阶段的各最终产出(反馈变量)($g=1,2,\cdots,G$)的总和，$Y_{rj}=\sum_{p=1}^{q}Y_{rj}^{(p)}$代表决策单元$j$(DMU$_j$)在$q$时期第二阶段的各最终产出($r=1,2,\cdots,s$)的总和。

需特别强调的是，考虑到反馈效应滞后一期，相应的$F'_{gj}=\sum_{p=0}^{q-1}F_{gj}^{(p)}$。

图6-5是含有溢出变量、额外投入变量和反馈变量结构的多时期两阶段网络的结构表示。该结构是包含有p个时期的一个平行系统，在任意两个连续时期之间具有交互影响。

为深入探究各个阶段和总系统的效率关系，各个时期和总时期的效率关系，可以引用关系模型来具体测算有线电视产业的效率(Chen et al.，2009b；Kao et al.，2008b；Tone et al.，2009；Kao，2009)。参考Kao(2014)的研究，投入导向下规模报酬不变的模型为：

$$E_0^s = \text{Max}\left(\sum_{r=1}^{s}u_rY_{r0} + \sum_{c=1}^{C}l_cL_{c0} + \sum_{g=1}^{G}f_gF_{g0}^{(q)}\right)$$

s. t. $\sum_{i=1}^{m}v_iX_{i0} + \sum_{e=1}^{E}v'_eEX_{e0} + \sum_{g=1}^{G}f_gF_{g0}^{(0)} = 1$

$\sum_{r=1}^{s}u_rY_{rj} + \sum_{c=1}^{C}l_cL_{cj} + \sum_{g=1}^{G}f_gF_{gj}^{(q)} -$
$\left(\sum_{i=1}^{m}v_iX_{ij} + \sum_{e=1}^{E}v'_eEX_{ej} + \sum_{g=1}^{G}f_gF_{gj}^{(0)}\right) \leqslant 0$

$\sum_{c=1}^{C}l_cL_{cj} + \sum_{d=1}^{D}z_dZ_{dj} - \left(\sum_{g=1}^{G}f_gF'_{gj} + \sum_{i=1}^{m}v_iX_{ij}\right) \leqslant 0$

$\sum_{r=1}^{s}u_rY_{rj} + \sum_{g=1}^{G}f_gF_{gj} - \left(\sum_{d=1}^{D}z_dZ_{dj} + \sum_{e=1}^{E}v'_eEX_{ej}\right) \leqslant 0$

$u_r, v_i, f_g, l_c, v'_e, z_d \geqslant \varepsilon; r=1,2,\cdots,s; i=1,2,\cdots,m; j=1,2,\cdots,n;$
$g=1,2,\cdots,G; c=1,2,\cdots,C; e=1,2,\cdots,E; d=1,2,\cdots,D$

(6-2)

在最优解求得的情况下，系统和两个阶段的效率为：

$$\widehat{E_0^s} = \sum_{r=1}^{s}u_r^*Y_{r0} + \sum_{g=1}^{G}f_g^*F_{g0}^{(q)} + \sum_{c=1}^{C}l_c^*L_{c0}$$

$$\widehat{E_0^{s1}} = \left(\sum_{c=1}^{C}l_c^*L_{c0} + \sum_{d=1}^{D}z_d^*Z_{d0}\right) \Big/ \left(\sum_{g=1}^{G}f_g^*F'_{g0} + \sum_{i=1}^{m}v_i^*X_{i0}\right)$$

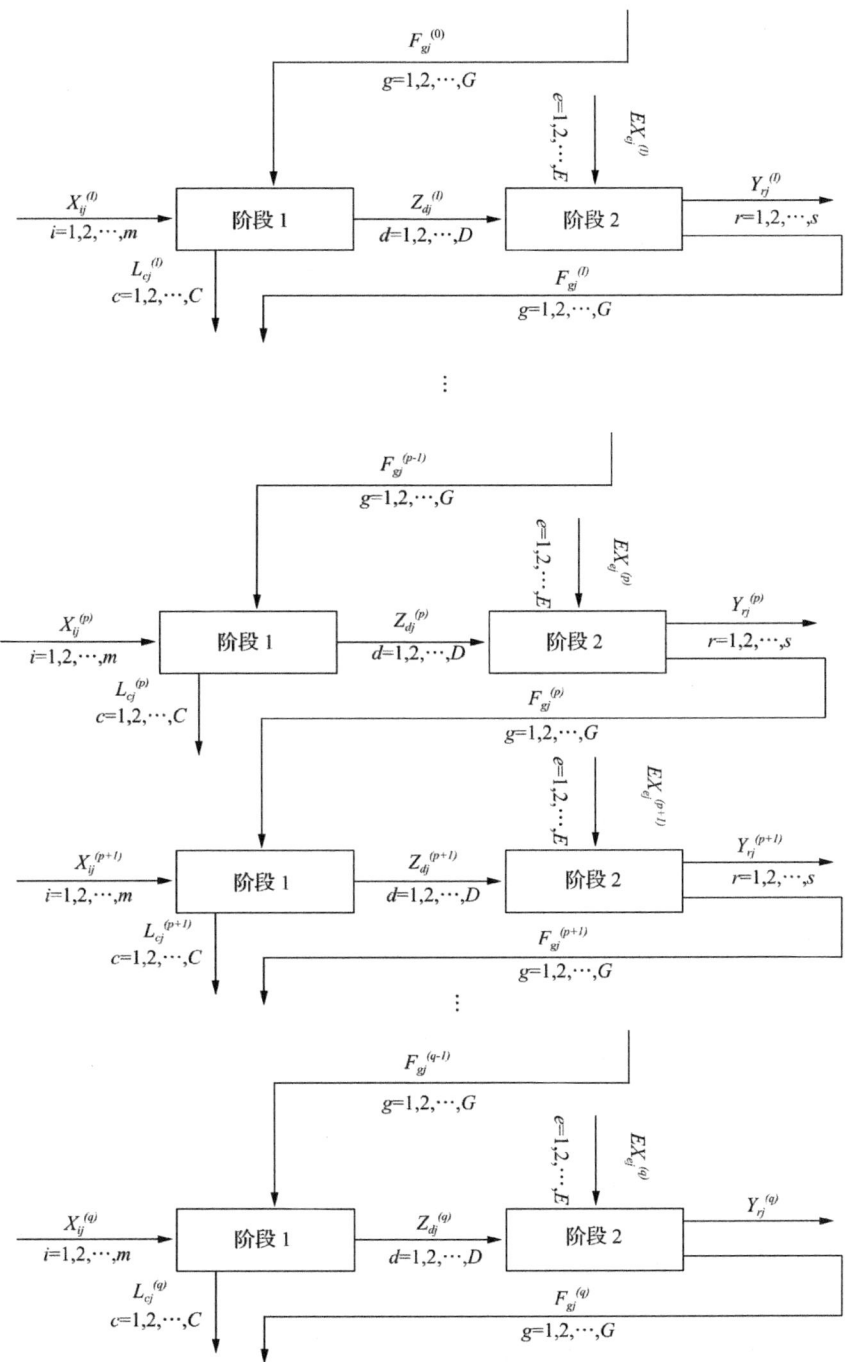

图 6-5 多时期两阶段系统

$$\widehat{E}_0^{S2} = \left(\sum_{r=1}^{s} u_r^* Y_{r0} + \sum_{g=1}^{G} f_g^* F_{g0}\right) \Big/ \left(\sum_{d=1}^{D} z_d^* Z_{d0} + \sum_{e=1}^{E} v_e'^* EX_{e0}\right) \quad (6-3)$$

此外,本章构建的改进的多时期模型,有助于识别不同时期对整体系统的影响。

整个系统和每个阶段在任何时期 p 中的约束可以描述为:

$$\sum_{r=1}^{s} u_r Y_{rj}^{(p)} + \sum_{g=1}^{G} f_g F_{gj}^{(p)} + \sum_{c=1}^{C} l_c L_{cj}^{(p)} - \left(\sum_{g=1}^{G} f_g F_{gj}^{(p-1)} + \sum_{i=1}^{m} v_i X_{ij}^{(p)} + \sum_{e=1}^{E} v_e' EX_{ej}^{(p)}\right) \leqslant 0$$

$$\sum_{c=1}^{C} l_c L_{cj}^{(p)} + \sum_{d=1}^{D} z_d Z_{dj}^{(p)} - \left(\sum_{g=1}^{G} f_g F_{gj}^{(p-1)} + \sum_{i=1}^{m} v_i X_{ij}^{(p)}\right) \leqslant 0$$

$$\sum_{r=1}^{s} u_r Y_{rj}^{(p)} + \sum_{g=1}^{G} f_g F_{gj}^{(p)} - \left(\sum_{d=1}^{D} z_d Z_{dj}^{(p)} + \sum_{e=1}^{E} v_e' EX_{ej}^{(p)}\right) \leqslant 0$$

$$(6-4)$$

同时考虑系统约束和各阶段约束,即将约束(6-4)加入模型(6-2)中,可得:

$$E_0^s = \text{Max}\left(\sum_{r=1}^{s} u_r Y_{r0} + \sum_{c=1}^{C} l_c L_{c0} + \sum_{g=1}^{G} f_g F_{g0}^{(q)}\right)$$

$$\text{s.t.} \quad \sum_{i=1}^{m} v_i X_{i0} + \sum_{e=1}^{E} v_e' EX_{e0} + \sum_{g=1}^{G} f_g F_{g0}^{(0)} = 1$$

A. 系统约束:

$$\sum_{r=1}^{s} u_r Y_{rj} + \sum_{c=1}^{C} l_c L_{cj} + \sum_{g=1}^{G} f_g F_{gj}^{(q)} - \left(\sum_{i=1}^{m} v_i X_{ij} + \sum_{e=1}^{E} v_e' EX_{ej} + \sum_{g=1}^{G} f_g F_{gj}^{(0)}\right) \leqslant 0$$

$$\sum_{r=1}^{s} u_r Y_{rj}^{(p)} + \sum_{c=1}^{C} l_c L_{cj}^{(p)} + \sum_{g=1}^{G} f_g F_{gj}^{(p)} - \left(\sum_{i=1}^{m} v_i X_{ij}^{(p)} + \sum_{e=1}^{E} v_e' EX_{ej}^{(p)} + \sum_{g=1}^{G} f_g F_{gj}^{(p-1)}\right) \leqslant 0$$

B. 阶段1约束:

$$\sum_{c=1}^{C} l_c L_{cj} + \sum_{d=1}^{D} z_d Z_{dj} - \left(\sum_{g=1}^{G} f_g F'_{gj} + \sum_{i=1}^{m} v_i X_{ij}\right) \leqslant 0$$

$$\sum_{c=1}^{C} l_c L_{cj}^{(p)} + \sum_{d=1}^{D} z_d Z_{dj}^{(p)} - \left(\sum_{g=1}^{G} f_g F_{gj}^{(p-1)} + \sum_{i=1}^{m} v_i X_{ij}^{(p)}\right) \leqslant 0$$

C. 阶段2约束:

$$\sum_{r=1}^{s} u_r Y_{rj} + \sum_{g=1}^{G} f_g F_{gj} - \left(\sum_{d=1}^{D} z_d Z_{dj} + \sum_{e=1}^{E} v_e' EX_{ej}\right) \leqslant 0$$

$$\sum_{r=1}^{s} u_r Y_{rj}^{(p)} + \sum_{g=1}^{G} f_g F_{gj}^{(p)} - \left(\sum_{d=1}^{D} z_d Z_{dj}^{(p)} + \sum_{e=1}^{E} v_e' EX_{ej}^{(p)}\right) \leqslant 0$$

$$u_r, v_i, f_g, l_c, v'_e, z_d \geq \varepsilon; \ r=1,2,\cdots,s; \ i=1,2,\cdots,m; \ j=1,2,\cdots,n;$$
$$g=1,2,\cdots,G; \ c=1,2,\cdots,C; \ e=1,2,\cdots,E; \ d=1,2,\cdots,D; \ p=1,2,\cdots,q$$
(6-5)

相应的总时期和在某个时期 p 中的系统总体效率和各阶段的分效率可以表示为：

$$E_0^s = \sum_{r=1}^s u_r^* Y_{r0} + \sum_{g=1}^G f_g^* F_{g0}^{(q)} + \sum_{c=1}^C l_c^* L_{c0}$$

$$E_0^{s1} = \left(\sum_{c=1}^C l_c^* L_{c0} + \sum_{d=1}^D z_d^* Z_{d0}\right) \bigg/ \left(\sum_{g=1}^G f_g^* F'_{g0} + \sum_{i=1}^m v_i^* X_{i0}\right)$$

$$E_0^{s2} = \left(\sum_{r=1}^s u_r^* Y_{r0} + \sum_{g=1}^G f_g^* F_{g0}\right) \bigg/ \left(\sum_{d=1}^D z_d^* Z_{d0} + \sum_{e=1}^E v'^*_e EX_{e0}\right) \quad (6-6)$$

$$E_0^{s(p)} = \left(\sum_{r=1}^s u_r^* Y_{rj}^{(p)} + \sum_{c=1}^C l_c^* L_{cj}^{(p)} + \sum_{g=1}^G f_g^* F_{gj}^{(p)}\right) \bigg/$$
$$\left(\sum_{i=1}^m v_i^* X_{ij}^{(p)} + \sum_{e=1}^E v'^*_e EX_{ej}^{(p)} + \sum_{g=1}^G f_g^* F_{gj}^{(p-1)}\right) E_0^{s1(p)}$$
$$= \left(\sum_{c=1}^C l_c^* L_{cj}^{(p)} + \sum_{d=1}^D z_d^* Z_{dj}^{(p)}\right) \bigg/ \left(\sum_{g=1}^G f_g^* F_{gj}^{(p-1)} + \sum_{i=1}^m v_i^* X_{ij}^{(p)}\right)$$

$$E_0^{s2(p)} = \left(\sum_{r=1}^s u_r^* Y_{rj}^{(p)} + \sum_{g=1}^G f_g^* F_{gj}^{(p)}\right) \bigg/ \left(\sum_{d=1}^D z_d^* Z_{dj}^{(p)} + \sum_{e=1}^E v'^*_e EX_{ej}^{(p)}\right)$$

显然，上述改进的多时期两阶段 DEA 模型可以考虑有线电视行业运营系统的内部结构关系，能做出更真实的评价，也可以分解系统的整体效率。这有助于探讨综合节目制作和服务传输结构组成的有线电视产业系统的内部运行流程，为针对性的性能改进提供更详细的信息。

6.2.2 模型多重解问题的算法设计

改进后的模型涉及多个时期和各时期中的两个阶段。由于每个时期和阶段的优先级设置不同，将会产生多个最优解。也就是说，对应的最优解并不唯一。多重解意味着分解可能是多重的，这使得不同决策单元或任何决策单元在不同时期的性能不具有可比性。因此，最优解取决于时期与阶段之间、时期 t_1 与时期 t_2、阶段 1 与阶段 2 之间的优先级设置。

Liang 等（2008a）、Kao 等（2014b）借助博弈论的概念给出了求解唯一解的算法。此处将其拓展到含有反馈变量的多时期两阶段 DEA 模型中。考虑到各个时期系统效率的变化要比系统内各个阶段的效率变化大,故此处假设各个时期系统的优先级高于该系统下各个阶段的优先级,即先把各个时期系统效率计算出来,再在系统效率一定的情况下求解各个阶段的效率值。同时,在各个时期的效率值测定时,假定第 2 阶段的效率优先于第 1 阶段的效率,以更好地测度用户的网络外部性。

类似地,在各个时期之间的效率测算过程中,先假定时期 t 优先于时期 $t+1$,以抵消随着时间推移外界环境对生产效率的促进作用。

具体的计算步骤如下:

第一步:从模型(6-5)求得 DMU_0 的系统效率,记为 E_0^s。

第二步:遵循优先级规则,在比较每个时期绩效时,首先计算每个时期的效率。此处可首先在保持系统效率 E_0^s 的情况下计算第 1 期的最大效率。

具体模型为:

$$E_0^{s(1)} = \text{Max}\left(\sum_{r=1}^{s} u_r Y_{r0}^{(1)} + \sum_{c=1}^{C} l_c L_{c0}^{(1)} + \sum_{g=1}^{G} f_g F_{g0}^{(1)}\right)$$

s.t. $\sum_{i=1}^{m} v_i X_{i0}^{(1)} + \sum_{e=1}^{E} v'_e E X_{e0}^{(1)} + \sum_{g=1}^{G} f_g F_{g0}^{(0)} = 1$

$$\sum_{r=1}^{s} u_r Y_{rj} + \sum_{c=1}^{C} l_c L_{cj} + \sum_{g=1}^{G} f_g F_{gj}^{(q)}$$
$$= E_0^s \left(\sum_{i=1}^{m} v_i X_{ij} + \sum_{e=1}^{E} v'_e E X_{ej} + \sum_{g=1}^{G} f_g F_{gj}^{(0)}\right)$$

A. 阶段 1 的约束:

$$\sum_{c=1}^{C} l_c L_{cj} + \sum_{d=1}^{D} z_d Z_{dj} - \left(\sum_{g=1}^{G} f_g F'_{gj} + \sum_{i=1}^{m} v_i X_{ij}\right) \leqslant 0$$

$$\sum_{c=1}^{C} l_c L_{cj}^{(p)} + \sum_{d=1}^{D} z_d Z_{dj}^{(p)} - \left(\sum_{g=1}^{G} f_g F_{gj}^{(p-1)} + \sum_{i=1}^{m} v_i X_{ij}^{(p)}\right) \leqslant 0$$

B. 阶段 2 的约束:

$$\sum_{r=1}^{s} u_r Y_{rj} + \sum_{g=1}^{G} f_g F_{gj} - \left(\sum_{d=1}^{D} z_d Z_{dj} + \sum_{e=1}^{E} v'_e E X_{ej}\right) \leqslant 0$$

$$\sum_{r=1}^{s} u_r Y_{rj}^{(p)} + \sum_{g=1}^{G} f_g F_{gj}^{(p)} - \left(\sum_{d=1}^{D} z_d Z_{dj}^{(p)} + \sum_{e=1}^{E} v'_e E X_{ej}^{(p)}\right) \leqslant 0$$

$u_r, v_i, f_g, l_c, v'_e, z_d \geqslant \varepsilon; r = 1,2,\cdots,s; i = 1,2,\cdots,m; j = 1,2,\cdots,n;$
$g = 1,2,\cdots,G; c = 1,2,\cdots,C; e = 1,2,\cdots,E; d = 1,2,\cdots,D; p = 1,2,\cdots,q$

(6-7)

第三步:求解模型(6-7)之后,可以进一步求得 $E_j^{s(1)}(j=1,2,\cdots,n)$ 的值。

在此基础上,可进一步计算第 2 期的系统效率。一直如此,直到最后一期。然后即可得到整体和每个时期的系统效率。

在这些系统效率的基础上,接下来就可以得到每个阶段的效率。

第四步:遵循第 2 阶段绩效评价优先于第 1 阶段的原则,可先计算第 2 阶段的效率,同时保持整体和各时期系统效率不变。

第五步:第四步得到第 2 阶段的效率,最后可为每个 DMU 计算第 1 阶段的效率。

6.2.3　跨时期的效率变化

由于我们的效率评价涵盖多个时期,本章只是对各省市自治区有线电视产业市场化运营效率的评价。与上一章的分析类似,此处基于含有反馈变量的多时期两阶段 DEA 模型进行效率变化分析,深入挖掘各个时期每个阶段的效率数值。由于跨期较短,可以假设技术不变,借助公共权重全局 MPI 指数来测算每个决策单元的效率变化情况(Kao et al.,2014b)。基于 6.2.2 节的改进模型为投入导向的 DEA 模型,假定时期 h 晚于时期 t,即 $h>t$,则可将不同时期系统的效率和阶段效率的变化表示为:

$$\mathrm{MPI}_k^{S(t,h)} = E_k^{S(h)} / E_k^{S(t)}$$

$$\mathrm{MPI}_k^{\mathrm{I}(t,h)} = E_k^{\mathrm{I}(h)} / E_k^{\mathrm{I}(t)}$$

$$\mathrm{MPI}_k^{\mathrm{II}(t,h)} = E_k^{\mathrm{II}(h)} / E_k^{\mathrm{II}(t)}$$

6.3　指标与数据

有线电视产业是典型的技术驱动型行业,技术进步在有线电视产业的发展中发挥着重要作用。如果仅分析单个决策单元在时间序列方向的产业发展,可能会低估早期的技术效率,而过分夸大当前的技术效率。因此,在对有线电视产业进行效率分析时,最好选取面板数据。由于此处是将各个省市自治区的有线电视产业作为 DMU 看待,因此不像基于电视运营商的效率评价那样(Asai,2011)需要对各个投入和产出指标细分,本部分是以产业为评价对象,部分指标是内生的可做泛化处理。

由于第五章已对跨期较长(2010—2019 年)的有线电视产业效率进行了评价,

故本章是在解构有线电视产业链的基础上开展聚焦研究。同时,考虑到若跨期太长的话,外部环境对产业效率评价的结果影响将较大,因此本章仅关注 2017—2019 年的发展情况,这样做有其合理性,因为随着"三网融合"的推进,有线电视产业已经初步形成了竞争性市场结构,此时分析产业效率更有实践和管理意义。

6.3.1 具体指标

基于前文的分析,我们将有线电视产业的产业链解构为两大阶段:节目内容制作及节目内容传输。第一阶段是节目内容的生产制作;第二阶段是将生成的节目内容传输给用户,并最终收获广告收入和其他相关的网络收入。除了这一基本的线性系统外,用户对内容的需求也会对内容供给侧的调整有所影响,即反馈效应(图 6-6)。

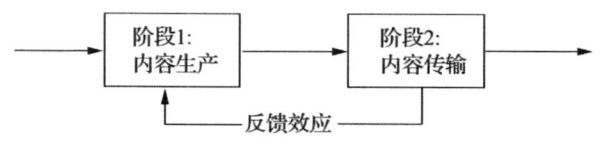

图 6-6　有线电视产业链两阶段解构

在借助 DEA 模型评价产业发展效率时,投入和产出变量的选取对评价结果的质量起着关键作用。在指标的选择过程中,既要兼顾可持续发展的指标选择原则(郭存芝 等,2016;朱光曦 等,2008),又要兼顾研究对象的产业特性。在已有的研究中,不同研究者从不同角度选用不同的投入和产出变量,导致研究结果存在着较大差异。

本章在应用 DEA 方法评价产业可持续发展能力指标体系的设计时,将同时考虑产业可持续发展的相关理论和产业自身的发展特性。在满足 DEA 方法通行指标选择的前提下,遵循指标体系的目的性、理论性、系统性、科学性、可比性及可操作性等原则(朱金玉,2003;王小鲁 等,2009;朱光曦 等,2008;庄思勇 等,2010;武玉英 等,2006;曾珍香 等,2000;黄速建 等,2002;周水银 等,2000)。现有的借助 DEA 方法评价有线电视产业效率的研究还较少。鉴于有线电视产业与电信产业同属于网络传输的信息产业,此处我们仅回顾将有线电视产业看作两阶段过程所选用的评价指标(表 6-1)。关于有线电视产业和电信产业的效率评价的基本投入和产出指标见第五章的表 5-1,此处不做赘述。

表 6-1 已有相关文献的指标选择

文献	分析对象	投入指标	中间变量	产出指标
Asai(2011)	日本的地方广播电视部门	劳动力 材料 资本	待传输内容	广告收入 电视费收入
朱依曦等(2015)	中国有线电视产业	劳动力 材料 资本	自制内容	广告收入 电视费收入

从表 6-1 及第五章的分析可以看出,接入线路、电话机主线、总资产、运营投资、劳动力等涉及人、材料及资本三方面的变量常被作为现有研究的基本投入变量,广告收入和电视费收入常被作为基本的产出变量。此外,相关的研究还选择了服务人数作为产出变量(Anderson et al.,2015)。本章选取投入产出指标的时候,除了考虑投入指标组内、产出指标组内的线性不相关关系以及投入产出之间的线性相关关系外,还兼顾了相应变量的数据可得性。

基于上述已有文献的经验,此处对投入变量的选择从三方面着手:劳动力、资本及材料。在节目制作阶段,以往的文献总是选择人数作为相应的输入变量。本章选取实际生产时间和生产投资作为相应的输入变量。将节目销量作为最终产出,是因为它不会影响第二阶段,而其他两个变量如果作为第二阶段的输入会再次参与第二阶段的运营。第二阶段,同样以有线电视传输干线和节目内容导入总成本作为额外投入,参考现有可得的资料:《中国社会统计年鉴》(2018—2020)、《中国广播电视年鉴》(2018—2020)、《中国统计年鉴》(2018—2020)、《中国广播电影电视发展报告》(2018—2020)中关于有线电视产业的收入数据,有总收入、广告收入、网络收入以及有线电视用户数等多项统计指标。基于可持续发展角度的考虑,将产出指标分为两类:一是将有线电视产业业务总量作为产出指标,选取广告收入和网络收入,代表产业发展的经济效益;二是将已有的用户接入数量作为产出指标,代表价值增值的社会效益。即各类收入和用户数作为第二阶段的输出。用户是服务传输阶段的服务对象,用户的反馈也是下一期节目制作的基础,这就是为什么订户数是一个双重角色变量。考虑到用户的网络外部性特征,即用户数量越多越能吸引更多的用户参与,也能进一步促进有线电视产业的投资,因此在做产业效率的评价时,将用户数视为反馈变量,以便将有线电视特有的网络外部性整合到模型中,借助改进的动态 DEA 模型进行跨时段的产业效率分析。

综上所述,本章的指标选择见表6-2。

表6-2 第六章投入产出指标

阶段序号	变量	具体指标
阶段1	投入	节目生产时间（X1）
		节目内容投资额（X2）
	产出	节目数（Z1）
		节目播出时间（Z2）
	溢出变量	节目销售额（L）
阶段2	额外投入	传输干线（EX1）
		节目进口额（EX2）
	产出	广告收入（Y1）
		网络收入（Y2）
	反馈变量	用户数（F）

6.3.2 指标统计

为了使不同年份之间的指标具有可比性,此处对具有经济价值的指标根据《中国统计年鉴》以2017年为不变价格,利用逐年价格指数对有关数据进行了平减。此外,由于可得的数据多为年度指标,因此无法细化到季度甚至是月度数据。

6.3.3 数据来源

考虑到数据的可得性及现有技术总体不变的外部环境假定,我们的年份跨度取3年(2017—2019年)。本章所用数据来源于《中国社会统计年鉴》(2018—2020)、《中国广播电视年鉴》(2018—2020)的2017—2019年全国31个省市自治区的统计数据;相应的价格指数资料来源于《中国统计年鉴》(2018—2020)。

6.3.4 数据平减处理

由于涉及跨期的不同年份的动态效率比较,而其中的个别指标因包含价格变动的因素,不能准确地反映实物量的实际增减变动情况。因此,需要对包含价格因素的指标进行平减处理,以确保不同年份之间的指标具有可比性。具体而言,对于具有经济价值的指标,本书根据《中国统计年鉴》,以 2017 年为不变价格,利用逐年价格指数进行了逐年平减。电视节目制作时间以及有线电视用户数是刻画现实的绝对数值,不包含价格因素,因此不需对其进行数据平减处理。借鉴成熟的通行处理方式以及相关基于产业特性的做法(朱依曦 等,2015),本书利用多个价格指数对与价格有关的指标进行价格平减(具体操作:以 2017 年为基数 100,将 2018—2019 年换算成以 2017 年为基期的平减指数,下同),利用固定资产投资价格指数对电视节目制作投资额进行价格平减,利用文化娱乐用品居民消费价格指数对电视节目国内销售额进行价格平减,利用文化娱乐类居民消费价格指数对广告收入及网络收入进行价格平减。

6.3.5 数据描述性统计

此处对平减后的数据做基本的描述性统计。表 6-3 给出了 2017—2019 年相关指标的平均数值(用户数作为反馈变量,其数值选取 2016—2018 年的数据)。本章的实证分析中共涉及 31 个省市自治区,3 年跨期共 93 个样本值。所有的数值都是取自相关年鉴中的年末数据。

表 6-3 投入产出指标的基本描述(2017—2019 年)

	属性	2019	2018	2017
节目生产时间	均值	104 915.26	108 949.39	110 974.87
	方差	64 241.97	63 997.61	65 648.13
	最小值	16 083.00	16 706.00	13 238.00
	最大值	266 223.00	257 035.00	257 817.00
节目内容投资额	均值	85 128.29	104 994.94	106 128.68
	方差	159 399.89	195 286.01	214 521.98
	最小值	69.00	80.00	8.00
	最大值	681 500.00	819 035.00	790 679.00
反馈变量的用户数	均值	703.00	690.59	734.94
	方差	466.22	481.78	541.58
	最小值	24.15	23.62	24.71
	最大值	1 844.92	1 798.13	2 068.64

续表

	属性	2019	2018	2017
节目销售额	均值	11.54	12.33	5.80
	方差	22.27	25.87	14.49
	最小值	0.00	0.00	0.00
	最大值	83.22	101.03	60.47
节目数	均值	633 433.77	626 133.71	611 743.74
	方差	321 952.15	316 008.69	316 113.49
	最小值	101 303.00	101 269.00	99 989.00
	最大值	1 424 422.00	1 418 054.00	1 338 337.00
节目播出时间	均值	115.32	113.84	90.39
	方差	61.68	59.61	46.17
	最小值	16.00	16.00	22.00
	最大值	257.00	259.00	169.00
传输干线	均值	5 300.06	11 632.94	6 138.00
	方差	2 834.60	6 091.32	3 135.49
	最小值	735.34	1 635.01	1 493.97
	最大值	11 811.36	26 466.66	11 476.44
节目进口额	均值	6.93	7.27	6.79
	方差	9.24	9.85	7.91
	最小值	0.23	0.20	0.40
	最大值	44.16	44.10	41.20
广告收入	均值	16.84	20.61	21.96
	方差	21.86	27.51	28.04
	最小值	0.48	0.36	0.40
	最大值	93.43	103.38	117.07
网络收入	均值	24.16	24.97	26.39
	方差	21.33	21.03	21.34
	最小值	0.34	0.43	0.47
	最大值	82.06	80.92	81.45

续表

	属性	2019	2018	2017
用户数	均值	666.50	703.00	690.59
	方差	438.11	466.22	481.78
	最小值	24.64	24.15	23.62
	最大值	1 767.05	1 844.92	1 798.13

考虑到该评价涉及三年期间,存在产生多重解的可能性。一般来说,随着时间的推移,产业的技术水平和市场环境将不断改善,因此此处按照多重解的算法唯一性设计做如下设置:假定 2017 年的效率优先计算,接着是 2018 年效率测算,最后到 2019 年。这样的假定可以部分抵消外界环境影响因素对产业效率测算的干扰,使效率测算更能贴近现实。类似地,我们假定在系统效率确定的情况下,第二阶段优先于第一阶段。此外,不考虑收入的滞后性,因为收入数量存在逐年持续叠加的特性。同时,本实证分析对考虑滞后性和不考虑滞后性的两组数据分别做实验处理,结果差别不大。

6.4 实证分析

本节将改进的 DEA 模型应用到有线电视产业 2017—2019 年的发展实践中,以探究该期间有线电视产业发展的系统效率和分阶段效率,为其可持续发展提供改进方向。相应的实证分析计算借助 Python 软件完成。

6.4.1 有线电视产业效率静态展示

依据三年期的实际加总数据,测算了全时期 31 个省市自治区有线电视行业的整体效率和两阶段效率,结果见表 6-4。

表 6-4 三年期 31 个省市自治区有线电视产业总体效率和分阶段效率

省市自治区	E_k^S	E_k^{I}	E_k^{II}
北京市	0.354 10	0.241 09	0.362 89
天津市	0.726 12	0.296 47	0.730 75

续表

省市自治区	E_k^S	E_k^I	E_k^{II}
河北省	0.105 09	0.260 06	0.108 55
山西省	0.073 90	0.269 21	0.084 22
内蒙古自治区	0.174 86	0.501 26	0.176 45
辽宁省	0.172 80	0.177 60	0.181 04
吉林省	0.212 48	0.242 80	0.216 89
黑龙江省	0.134 96	0.342 94	0.148 25
上海市	0.814 00	0.375 33	0.824 54
江苏省	0.283 02	0.205 52	0.297 11
浙江省	0.345 71	0.368 80	0.370 61
安徽省	0.284 05	0.365 83	0.350 30
福建省	0.178 89	0.275 86	0.192 75
江西省	0.121 22	0.221 49	0.128 92
山东省	0.135 99	0.219 42	0.143 49
河南省	0.080 18	0.256 32	0.083 27
湖北省	0.185 71	0.255 39	0.190 63
湖南省	0.386 33	0.258 15	0.399 20
广东省	0.300 00	0.172 71	0.319 60
广西壮族自治区	0.198 25	0.281 93	0.202 24
海南省	0.308 05	0.262 79	0.309 30
重庆市	0.208 68	0.188 69	0.212 14
四川省	0.142 34	0.369 64	0.153 25
贵州省	0.186 19	0.637 38	0.192 84
云南省	0.127 69	0.321 55	0.130 42
西藏自治区	0.100 08	0.474 62	0.100 29
陕西省	0.189 72	0.251 58	0.194 32
甘肃省	0.079 94	0.359 57	0.080 89
青海省	0.145 45	0.483 89	0.145 74
宁夏回族自治区	0.139 53	0.282 80	0.140 30

续表

省市自治区	E_k^S	E_k^I	E_k^{II}
新疆维吾尔自治区	0.064 72	0.439 41	0.065 97
平均值	0.224 52	0.311 62	0.233 46

注：E_k^S 代表系统总体效率值，E_k^I 代表系统第一阶段效率值，E_k^{II} 代表系统第二阶段效率值(下同)。

表 6-4 给出了 2017—2019 年间我国 31 个省市自治区有线电视产业的系统和分阶段的效率平均值，所有数值均基于改进的、含有反馈变量的多时期两阶段模型以及相应唯一解的算法优先级设置计算而来。

结果表明：综合来看，该三年期内，阶段 1 的效率整体高于阶段 2 的效率，也就是说内容传输阶段的效率值低于内容制作阶段的效率值。结合模型唯一解的方案设置，阶段 2 的性能评估优先于阶段 1，但实证结果仍然表明，从整体上来看，阶段 1 的效率得分还是要高于阶段 2 的效率得分。调查结果也进一步表明，阶段 2 的绩效评分仍需要行业市场运营主体和监管机构大力推动，无论是行业主体还是行业监管机构。长期的政府主导发展模式在一定程度上仍然阻碍了有线电视产业的市场化进程。

具体来看：有线电视产业三个最有效率的省级行政区为上海、天津和湖南，而三个效率最低的省级行政区为甘肃、山西和新疆。前两名的绩效得分远高于其他省份，分别为 0.814 00 和 0.726 12。第三个及以后的得分水平相对较低，都在 0.400 00 以下。后四名的得分甚至低于 0.100 00，分别为 0.080 18、0.079 94、0.073 90 和 0.064 72。可见，随着有线电视产业市场化进程的推进，各省级行政区之间存在较大差异，需要引起有关部门的重视。此外，在内容制作阶段(阶段 1)，只有两个省级行政区有线电视行业的效率得分超过了 0.500 00。对于内容传输阶段(阶段 2)的评估，只有两个省级行政区有线电视行业效率得分 0.500 00。

进一步分析 2017—2019 这三年的总体效率变化情况。表 6-5 给出了 31 个省市自治区 2017 年、2018 年以及 2019 年这三年的总体效率得分。从最后一行的平均值可大致得出，这段时期有线电视产业整体表现趋好，整个产业总体效率呈现波动式上升趋势，效率得分由 2017 年的 0.286 76 降到 2018 年的 0.221 70 最后升到 2019 年的 0.330 73。

表 6-5 31个省市自治区有线电视产业的总体效率值(2017—2019年)

省市自治区	E_k^S		
	2017	2018	2019
北京市	0.262 81	0.181 43	0.311 72
天津市	0.954 09	0.748 41	0.750 51
河北省	0.117 01	0.083 14	0.098 39
山西省	0.076 96	0.043 35	0.071 11
内蒙古自治区	0.215 94	0.155 47	0.247 02
辽宁省	0.200 35	0.160 49	0.258 51
吉林省	0.291 75	0.200 25	0.329 99
黑龙江省	0.210 66	0.109 00	0.140 69
上海市	0.781 01	0.636 53	0.730 09
江苏省	0.616 79	0.430 95	0.773 95
浙江省	0.556 15	0.464 70	0.869 28
安徽省	0.352 08	0.316 35	0.239 56
福建省	0.285 36	0.152 35	0.206 14
江西省	0.127 05	0.092 37	0.277 67
山东省	0.141 52	0.084 93	0.105 79
河南省	0.124 73	0.082 50	0.121 80
湖北省	0.265 38	0.263 94	0.419 94
湖南省	0.411 38	0.441 22	0.440 79
广东省	0.354 12	0.205 21	0.332 71
广西壮族自治区	0.499 11	0.212 98	0.387 54
海南省	0.147 32	0.664 01	1.000 00
重庆市	0.403 34	0.231 18	0.580 77
四川省	0.333 13	0.153 86	0.278 45
贵州省	0.215 89	0.243 09	0.526 46
云南省	0.263 86	0.086 36	0.137 12
西藏自治区	0.035 91	0.032 34	0.045 80
陕西省	0.168 41	0.151 29	0.224 33
甘肃省	0.106 25	0.055 18	0.085 45

续表

省市自治区	E_k^S		
	2017	2018	2019
青海省	0.140 58	0.067 99	0.077 61
宁夏回族自治区	0.158 55	0.077 82	0.122 90
新疆维吾尔自治区	0.072 08	0.044 08	0.060 54
平均值	0.286 76	0.221 70	0.330 73

为了深入分析有线电视各阶段运营情况,表6-6给出了三年(2017—2019)分阶段的效率得分。阶段1的效率改进明显,而阶段2的效率则呈现出先降低后又有所提升的趋势。此外,依据逐年的分阶段效率,可以看出效率值为1的阶段更多分布在2019年,这也进一步验证了有线电视产业随着时间的推移,产业运营效率总体有所提升。

表6-6 31个省市自治区有线电视产业的年度效率值(2017—2019年)

省市自治区	2017		2018		2019	
	E_k^I	E_k^{II}	E_k^I	E_k^{II}	E_k^I	E_k^{II}
北京市	0.312 86	0.262 57	0.461 55	0.170 54	0.480 22	0.299 59
天津市	0.202 00	0.954 89	0.303 14	0.748 90	1.000 00	0.750 35
河北省	0.204 67	0.118 09	0.246 38	0.085 75	0.329 45	0.109 68
山西省	0.300 73	0.077 12	0.351 15	0.043 41	0.295 55	0.071 25
内蒙古自治区	0.440 59	0.219 67	0.480 08	0.157 72	0.274 34	0.247 43
辽宁省	0.169 43	0.201 32	0.220 75	0.161 05	0.171 37	0.259 95
吉林省	0.179 44	0.292 66	0.215 50	0.200 73	0.197 07	0.330 91
黑龙江省	0.371 03	0.226 49	0.299 52	0.118 95	0.337 80	0.158 37
上海市	0.317 71	0.782 13	0.880 07	0.631 66	0.937 74	0.729 63
江苏省	0.205 39	0.620 46	0.287 54	0.504 20	0.272 37	0.777 91
浙江省	0.357 00	0.649 60	0.510 57	0.474 42	0.483 63	0.872 24
安徽省	0.101 70	0.354 81	0.369 09	0.316 79	0.135 67	0.241 09
福建省	0.236 01	0.319 12	0.320 26	0.161 16	0.352 83	0.220 63
江西省	0.338 49	0.140 26	0.159 51	0.081 37	0.457 02	0.115 10

续表

省市自治区	2017 E_k^{I}	2017 E_k^{II}	2018 E_k^{I}	2018 E_k^{II}	2019 E_k^{I}	2019 E_k^{II}
山东省	0.079 83	0.144 26	0.258 08	0.090 20	0.129 40	0.107 14
河南省	0.137 90	0.125 73	0.161 70	0.083 08	0.258 67	0.122 27
湖北省	0.313 10	0.296 13	0.318 19	0.289 22	0.268 75	0.421 01
湖南省	0.264 70	0.442 63	0.410 27	0.464 35	0.433 65	0.463 33
广东省	0.125 09	0.357 07	0.191 59	0.221 86	0.098 02	0.340 51
广西壮族自治区	0.232 07	0.500 43	0.305 87	0.213 40	0.534 61	0.387 73
海南省	0.143 52	0.147 47	0.170 15	0.664 45	1.000 00	1.000 00
重庆市	0.162 11	0.404 12	0.255 11	0.241 76	0.193 03	0.581 93
四川省	0.326 86	0.380 85	0.358 62	0.162 85	0.386 23	0.309 67
贵州省	0.933 56	0.216 78	0.808 93	0.248 60	0.905 47	0.533 44
云南省	0.150 50	0.265 45	0.323 42	0.086 58	0.259 07	0.137 60
西藏自治区	0.412 91	0.035 92	0.868 30	0.032 34	1.000 00	0.045 79
陕西省	0.150 97	0.169 43	0.313 76	0.151 28	0.075 22	0.227 98
甘肃省	0.259 49	0.106 43	0.396 80	0.055 05	0.418 30	0.085 52
青海省	1.000 00	0.140 25	1.000 00	0.067 99	0.604 83	0.077 64
宁夏回族自治区	0.309 03	0.158 62	0.131 47	0.077 94	0.349 47	0.122 95
新疆维吾尔自治区	0.260 33	0.072 38	0.563 48	0.044 94	0.324 65	0.060 74
平均值	0.290 29	0.296 23	0.385 19	0.227 51	0.418 21	0.329 33

6.4.2 有线电视产业效率动态比较

表6-7显示了2017—2019年间,31个省市自治区有线电视产业效率值逐年变化情况。从表格的最后一行的平均数值来看,这三年有线电视产业节目制作阶段(Ⅰ阶段)和节目传输阶段(Ⅱ阶段)的效率值呈现总体波动状态。具体来说,2018年相比2017年,全国范围的有线电视产业节目制作阶段的效率增长了50.97%,而节目传输阶段的效率却降低了19.18%;2019年相比2018年,全国范围的有线电视产业的内容制作阶段的效率增长了27.03%,而内容传输阶段的效率增长了49.93%;总的来说,2019年相比2017年,全国范围的有线电视产业内容

制作阶段的效率增长了65.03%,而节目传输阶段的效率增长了20.21%。

具体观察某个特定省市自治区的效率变化值,可以得出各自的产业发展变化情况,表6-7中各个分阶段的效率变化值大于1,表明该阶段的产业效率在相应年间有所提高,反之若效率变化值小于1,表明该阶段的产业效率在相应年间有所下降。具体来说,31个省市自治区有线电视产业的发展都存在较大的波动,尚没有一个地区在那三年内的两个阶段的效率变化值都是全部大于1的,可见有线电视产业的发展还处于不稳定的波动状态。多数省市自治区节目制作阶段的效率变化要好于节目传输阶段。

表6-7 31个省市自治区有线电视产业效率值逐年变化(2017—2019年)

省市自治区	2017—2018		2018—2019		2017—2019	
	MPI_k^I	MPI_k^{II}	MPI_k^I	MPI_k^{II}	MPI_k^I	MPI_k^{II}
北京市	1.475 27	0.649 51	1.040 44	1.756 72	1.534 92	1.141 00
天津市	1.500 72	0.784 29	3.298 82	1.001 92	4.950 60	0.785 80
河北省	1.203 79	0.726 16	1.337 15	1.279 00	1.609 66	0.928 75
山西省	1.167 67	0.562 86	0.841 65	1.641 55	0.982 77	0.923 96
内蒙古自治区	1.089 63	0.717 98	0.571 45	1.568 79	0.622 68	1.126 35
辽宁省	1.302 93	0.799 97	0.776 30	1.614 08	1.011 47	1.291 21
吉林省	1.201 00	0.685 87	0.914 49	1.648 53	1.098 29	1.130 68
黑龙江省	0.807 27	0.525 20	1.127 81	1.331 33	0.910 45	0.699 21
上海市	2.770 08	0.807 61	1.065 52	1.155 11	2.951 57	0.932 87
江苏省	1.399 98	0.812 61	0.947 26	1.542 87	1.326 15	1.253 76
浙江省	1.430 19	0.730 32	0.947 22	1.838 55	1.354 70	1.342 72
安徽省	3.629 24	0.892 86	0.367 59	0.761 04	1.334 09	0.679 50
福建省	1.356 99	0.505 01	1.101 70	1.369 03	1.495 00	0.691 38
江西省	0.471 23	0.580 15	2.865 22	1.414 51	1.350 18	0.820 62
山东省	3.232 77	0.625 25	0.501 40	1.187 81	1.620 91	0.742 68
河南省	1.172 58	0.660 78	1.599 72	1.471 68	1.875 80	0.972 46
湖北省	1.016 25	0.976 66	0.844 63	1.455 66	0.858 36	1.421 69
湖南省	1.549 98	1.049 07	1.056 97	0.997 81	1.638 29	1.046 77

续表

省市自治区	2017—2018		2018—2019		2017—2019	
	MPI_k^I	MPI_k^{II}	MPI_k^I	MPI_k^{II}	MPI_k^I	MPI_k^{II}
广东省	1.531 64	0.621 33	0.511 60	1.534 80	0.783 59	0.953 61
广西壮族自治区	1.318 01	0.426 43	1.747 81	1.816 93	2.303 63	0.774 79
海南省	1.185 52	4.505 66	5.877 13	1.505 01	6.967 47	6.781 06
重庆市	1.573 70	0.598 23	0.756 68	2.407 07	1.190 79	1.439 99
四川省	1.097 18	0.427 60	1.076 99	1.901 52	1.181 65	0.813 08
贵州省	0.866 50	1.146 78	1.119 34	2.145 77	0.969 91	2.460 72
云南省	2.148 94	0.326 15	0.801 01	1.589 38	1.721 33	0.518 38
西藏自治区	2.102 90	0.900 38	1.151 67	1.415 94	2.421 85	1.274 88
陕西省	2.078 26	0.892 89	0.239 73	1.507 02	0.498 21	1.345 61
甘肃省	1.529 16	0.518 90	1.054 19	1.548 61	1.612 03	0.803 58
青海省	1.000 00	0.484 80	0.604 83	1.141 88	0.604 83	0.553 59
宁夏回族自治区	0.425 43	0.491 35	2.658 11	1.577 56	1.130 84	0.775 13
新疆维吾尔自治区	2.164 47	0.620 84	0.576 14	1.351 78	1.247 04	0.839 24
平均值	1.509 65	0.808 18	1.270 34	1.499 33	1.650 29	1.202 10

第七章 绩效评价基础上的产业链整合问题

前面各章是以有线电视的中国实践为基础展开了定量分析,本章将从定性的角度提出,在有线电视产业发展的各个阶段,市场主体欲实现可持续发展,还需借助数字技术开展适当的链式整合。

7.1 问题的提出

随着有线电视产业的市场治理和技术升级平稳度过起步阶段并趋于稳定发展状态,我国的有线电视产业已经逐步转向市场化发展模式。数字技术支持下的有线电视不仅受其自身发展的模式影响,而且受到相近产业发展的制约与推动。已有较多文献借助五力模型对电视产业的发展进行了分析(刘娟,2012),但近些年来,由于电视产业的融合发展以及数字技术的快速推动,电视产业的产业环境发生了翻天覆地的变化。随着对产业链的构成以及网络外部性等产业特性认识的加深,可以看出上下游产业链之间的整合能力影响着有线电视产业链的形成、发展以及产业运营。第六章基于产业链维度的解构,探究了有线电视产业绩效提升的路径,可见产业链不同维度的整合有助于产业链的稳定发展,同时会创造出范围经济。除了不同行为主体之间的合作实现价值创造外,产业链整合还将为相关主体实现分工合作和优势互补,从而提升有线电视产业的运行效率、加速其市场化进程。

7.2 演化周期各阶段的链式整合

数字技术的发展使得有线电视产业的终端更加多元化,"三网融合"战略的实施使得相近产业间的交互共生以及内容和用户共享现象凸显,市场承载用户容量将不断扩大,运营主体借助链式整合战略实现的共同收益将远大于独立发展模式的收益,并不断增强可持续发展能力。本节将继续坚持全文的中观分析角度,在前文产业竞争力和产业发展周期分析的基础上,讨论不同演化阶段适宜的链式多维整合模式。

随着2008年国办1号文的颁发,广电行业有了开展电信增值服务的资格,与此同时,电信行业也积极参与到广电网络的接入和下游终端的制造中。此后的政策导向就是不断推进"三网融合"的实质性发展。在2010年到2012年的试点阶段,广电产业开始探索并初步形成了"三网融合"发展的政策指导体系和市场发展机制,基本实现了初步的网络融合、业务融合和商业模式的融合(刘玉芹 等,2011)以及适度竞争的多业融合的产业格局(万兴,2013a),为此后的全面推广赋予了多元整合发展的可能。杨煜(2012a)基于"三网融合"的中国实践,指出有线电视网络进一步增强自身竞争能力的方式之一是组建国家级有线运营商,并以此参与市场竞争,成为"三网融合"的市场主体。与此同时,有线电视规制机构还需进行相应改革。此后的2013年至2015年是"三网融合"改革向全国范围实质推进的重要阶段。随着由财政部出资、广电总局负责组建和代管的中国广播电视网络集团有限公司的成立,全国有线电视网络的整合工作正式启动,电信及宽带网络运营等业务资质的颁发,使得有线电视产业实质性地成为"三网融合"的推进主体之一。中国广播电视网络集团有限公司成为继中国移动、中国电信、中国联通后的"第四大通信运营商",这一转变给电视产业带来了向信息产业空间拓展的市场机会。

2016年12月,中共中央宣传部、财政部、国家新闻出版广电总局发布的《关于加快推进全国有线电视网络整合发展的意见》指出:"随着网络和数字技术的快速发展,新媒体、新业务、新商业模式不断涌现,有线电视网络业务创新、转型升级受到分散运营、分割发展的制约,资源优势、规模效益得不到充分发挥,可持续发展面临重大挑战。"要求"加快推进全国有线电视网络整合发展,不断加快文化消费升级和产业转型,推进文化领域供给侧结构性改革"。从中可以看出,这些指导意见均试图推进有线电视网络的整合发展,落实国家"三网融合"战略,进一步巩固有线电视主流舆论发布渠道和主流媒体的地位,希望尽快完成全国有线电视网络整合的目标,逐步构建"全国一张网"的大格局。

基于已有分析可知,处于动态演化中萌芽期的产业发展多是经济主体的自我发展,而鲜有产业链角度的扩张整合;随着产业逐渐发展至成长期,横向整合和纵向整合逐渐出现;至成熟期将会有同心型整合行为,至此有线电视产业的市场接近饱和(蔡峰,2005;张薇,2010)。随着有线电视产业的发展和"全国一张网"的建设,有线电视产业将迎来全国范围内的竞争,跨区域整合模式将为处于稳定期发展的有线电视产业带来新的动力。

7.2.1 纵向整合:内容制作与传输的深度融合

纵向整合通常指产业链上下游之间的整合,有线电视产业在经历了制播分离之后,如何从内容传输环节获取用户信息的反哺,是内容制作环节产业效率提升的关键路径。首先,纵向整合将通过降低内容传输的环节与环节之间的交易成本、转播费以及减少对特定节目内容实施排他性措施等来提高整个产业链的经营效率(Gershon,2013;Evens et al.,2014),并且借助数字化技术及时将用户的品位和偏好传达给内容制作商(Waterman,1993)。内容传输环节以运营商为主要的市场运作主体,其通过网络平台收集了用户信息以用于创新其运营模式并开发新的节目内容。在产业链的纵向维度共享这些信息,将会激发创新,如开发新的频道、新的运营平台以及适宜的广告形式(Evens 等,2014)。面向用户需求的内容生产和集成能够有效地提高内容产品的质量(顾成彦 等,2008a),有利于一体化的运营商普及新网络,并增加运营商的可持续收入。还有研究表明,运营商和节目制作商之间的纵向整合,大大提高了企业的运营效率,增加了节目的多样性、节目的订购费以及订购比例(Rogerson,2014)。其次,纵向整合可以带来反竞争效应,比如增加竞争成本、进入规制以及对可选网络和运营商的圈定。纵向整合不仅使得处在较弱谈判地位的主体阻止相邻产业链强势竞争对手的出现,还会提高进入壁垒,或在不同类别的用户之间实施差别定价,以创造市场竞争优势(Rey et al.,2007)。

7.2.2 横向整合:内容制作与传输的多网络运营

横向整合通常指生产同类产品或提供相似服务的主体之间的整合,以获取相关产业或相同产业链条的发展资源。数字技术带动下的网络融合为有线电视产业带来了横向整合的可能。以运营商为例,横向整合首先能帮助运营商构建买方优势,增强自身与内容提供商的谈判能力。Crawford 等(2012)指出,电视台与运营商会进行纳什讨价还价以商讨出一个传输协议和相关费用(如执照费用、落地费用等),而横向整合可以通过扩大企业规模以提高议价能力。Chipty 等(1999)实证检验了企业规模与议价能力之间的关系,指出规模较大的运营商可以在内容供给者处得到更低的价格,这一实证结果同样适用于电视产业(Chipty et al.,1999;Tyagi,2001)。横向整合还可以提高规模经济效应,让运营主体在规模扩大的情况下降低成本,同时提高边际收益。在增强各主体市场地位的同时,横向整合还能降低彼此间的竞争强度。如有线电视网络运营商与互联网服务提供商之间的合作,可以实现平台共享与用户共享,促进双方相关业务的发展。在用户数量一定的情况下,这种合作能够使用户尽可能多地实现多平台接入。

7.2.3 同心型整合:数字技术带动下的多维化发展

同心型整合是指具有相似技术或相关市场的运营主体间的整合。在规制放松的市场环境下,电信网、广播电视网、互联网在数字技术推动下的融合发展进程中,三者的技术基础、服务功能趋于一致,网络间互联互通、资源共享,均能为用户提供语音、数据和广播电视等多种服务,三者之间呈现出多维的融合发展态势。这一现状促使有线电视产业内的各级主体不仅要加强与本产业内相关环节的良性互动,而且要积极与电信产业、互联网产业以及衍生出来的新媒体产业合作,以最大限度地实现节目的多窗口销售,不断扩大用户规模(万兴,2013a)。

图7-1以坐标轴为产业链,并对坐标轴进行了阶段划分,形象地展示了三大产业之间多种整合模式。可以看出沿着某个产业链维度的一维方向(以图7-1的坐标轴上的轴向活动为例,包括前向和后向两个方向)的整合构成了纵向整合;沿着其中的两个产业链或者三个产业链中相交部分的整合构成了横向整合(以图7-1中ABC构成的平面内活动为例①);沿着其中的两个产业链或者三个产业链中不同部分的整合则构成了同心型整合(以图7-1中DEF构成的平面内活动为例)。有线电视产业的运营主体可以根据自身发展战略以及能力基础采用不同维度的整合模式。

此外,随着"全国一张网"的战略推进以及"落地费"等政策的实施,有线电视运营主体开始了突破地理局限的跨区域整合行为。这不仅使其有了突破所在省市自治区用户容量之后的增容,还使其在市场扩张过程中有了更强的产业运作能力。

---

① OABC构成的四面体是以原点O为顶点的正三棱锥(假设每个产业链中的相同产业段的长度一致)。

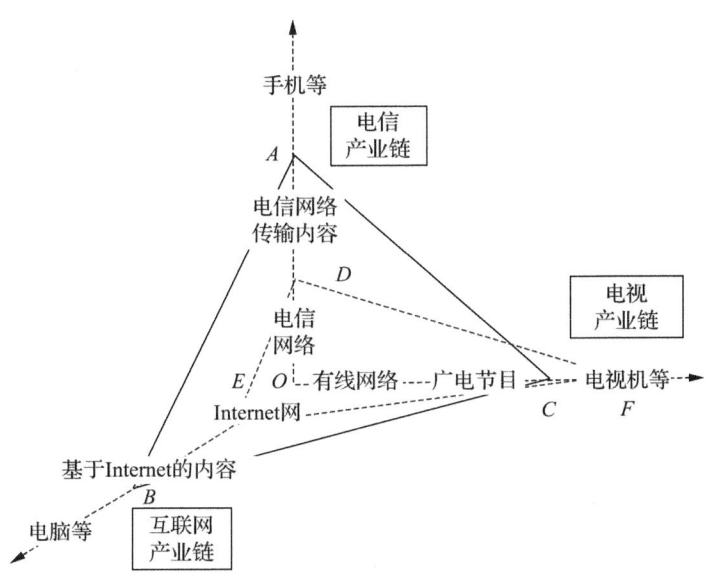

图 7-1 产业链维度的多元整合

7.2.4 跨区域整合:跨区大网下的多竞争生存

跨区域整合是有线电视步入市场竞争格局的首要战略方向。一方面,原本处于省市自治区割据状态的有线电视运营主体具有跨区域整合的动机。它们试图突破地域的限制,通过整合不同区域的大型市场,将价值链拓展到更大的范围,从而扩大自身的市场覆盖。另一方面,政府的规制逐步放松为这种整合提供了条件:中国的广电体系从起初地方独立运营的诸侯割据的"四级办网"演化到"一省一网"的格局(2011年全国各省基本完成了省网整合);2016年12月,中共中央宣传部、财政部、国家新闻出版广电总局《关于加快推进全国有线电视网络整合发展的意见》的出台,要求"十三五"末期基本完成全国有线电视网络整合和全国电视网络的互联互通。在此背景下,网络运营商之间的跨区域整合得到了政策许可,数字电视运营商可打破已有的区域性垄断市场结构,实现产业资源向优势运营商的集中整合。因此,发达地区的广电运营商纷纷开始打破已有的区域性垄断市场结构,利用手中闲置的资金跨区域参股和扩张,实现省际的跨越式发展,以实现产业资源的优势集中及客户资源的共享。2017年5月,中共中央办公厅、国务院办公厅发布的《国家"十三五"时期文化发展改革规划纲要》中要求,"加快全国有线电视网络整合和智能化建设,建立互联互通、安全可控的全国性数字化文化传播渠道"。随着全国有线电视网络互联互通平台建设、全国一网整合和全国性业务开展三位一体的协同推进,基本完成全国有线电视网络整合,实现全媒体智慧化发展,打破分散运营、分割发展的体制机制,建立互联互通、安全可控的全国性数字化有线电视网络平台已指日可待。

  广电产业内的整合行为是行业发展到特定阶段的理性选择,以期获得更高的经营效率。在当前技术日新月异、用户分流严重、市场深度融合的时代,广电产业内的主体亟需尽快整合产业链条、扩大用户基础、融合细分市场,并加速新技术的实施,利用相互间的通用元素分享已有技术和用户基础,实现快速发展。在上游丰富电视节目的广度、不断加大业务创新的同时,运营商中间环节还需实现个性化发展,不断推出优质服务;在下游则侧重挖掘用户需求,并使需求信息在产业链内循环,以不断提高用户的满意度和忠诚度。

第八章 扩展讨论、研究结论与展望

本章将基于前文的理论与实证分析,系统梳理有线电视产业发展的基本情况。内容涵盖从技术演化到以数字技术为主的发展进阶的五大阶段,从产业链角度分析节目内容制作和传输,探讨产业特性变革以及产业演化的现状。借助全要素生产率动态异质性、基于用户外部性的产业效率进行的产业发展实证研究,以及链式整合模式的理论研究,提出的多维整合模式将进一步促进节目内容制作阶段和节目内容传输阶段的互融互通。在信息技术的协助下,使电视内容的基本信息流和用户体验的反馈信息流得以及时利用,从本质上提升有线电视产业链上各环节的运营效率,促进有线电视产业的高质量发展。最后,还将展望未来的可能研究方向。

8.1 研究结论

数字技术的发展既推动了有线电视产业的进步,也促进了用户需求的变化,有线电视产业的市场化转型已成为必然结果。本书从理论研究与经验研究相结合的角度,分析了有线电视的可持续发展问题。

第一,综观有线电视产业的多国比较发展及我国该产业的动态演化过程,可以看出模拟电视产业已经逐渐被数字电视产业所取代。数字技术不断渗透有线电视产业,电视节目的制作技术、传输技术以及终端接收设备等的不断发展,也为电视产业的发展开拓了广阔的空间。基于电视技术、产业制度以及市场组织结构等多个因素,将有线电视产业发展分为五大代表性阶段。时间轴向的演化分析可以有效剖析各个时期主要市场的特性和主体行为:从初步建立阶段的完全政府主导,到快速发展阶段的"事业主体,企业化管理"发展模式,到无序竞争阶段的放权与收权、市场化与公共性不断调整的产业政策下的由事业单位向企业实质性转型的阶段,再到广电、电信、互联网行业间的交叉竞争阶段,最后到"全业务"竞争的整合发展阶段。研究指出,当前有线电视产业的发展正处于"全业务"竞争的整合发展阶段。

依据有线电视产业兼具内容和传输的双重特性,即若要实现电视内容的播放,必须兼有节目内容以及发送和接收节目的网络设备。从产业链的角度可将有线电视产业看作是内容产业链和设备产业链两大系统组成,前者是以用户为核心的社会架构,后者是以硬件为核心的技术架构。随着数字技术的发展,有线电视产业发展的技术基础发生了根本性变化,从固网和移动网分立的状态融合成 IP 网络,并由此引发市场运作商业模式的变化,间接影响了产业链终端的用户地位。电视用户从以往线性信息传播终端的接受者,演变为主动的电视"用"户。电视用户与内容制作商和内容传播商实现了实质性的互动,大数据时代各种数字技术的发展也为两者之间的互动提供了可能和便利。

第二,借助"七力模型"分析有线电视产业的市场发展环境。研究指出,七种竞争力量的综合作用决定着整个行业竞争的激烈程度以及"三网融合"进程中有线电视产业的产业定位。有线电视产业在受到竞争对手、新进入者以及替代产业威胁的同时,也得到了互补者和分销商的支持。此外,用户和供应商的议价能力较强。然而,随着有线电视逐渐成为"第四大通信运营商",基于内容组合的市场开拓还是值得期待。接着,从产业生态发展的视角,借助 Logistic 模型分析了有线电视产业的动态演化过程。

第三,依据我国有线电视产业发展的省市自治区面板数据,基于非参数的 DEA-Malmquist 指数法对该期间 TFP 进行了测算,并对其构成进行了分解。这深刻揭示了有线电视产业发展的空间异质性和时间异质性。在"三网融合"的背景下,技术融合已经成熟,但有线电视产业的发展还依赖于电信产业及互联网产业的技术。长期的事业体制使其在技术创新上表现不足,长期处于技术复制的跟随期。这对有线电视产业的未来市场化之路将有所阻碍。未来,不仅要在组织体制和制度变革创新方面有所进步,更要在技术创新、技术引进的道路上加大步伐。

第四,依据有线电视的产业链结构和产业属性,在将有线电视产业分为节目内容制播、节目内容传输两大阶段的基础上,考虑了用户网络外部性产业特征,改进了现有的测度模型,提出了含有反馈变量的多时期两阶段 DEA 模型,并在该模型基础上设计了解决多重解问题的算法。依托有线电视产业三年(2017—2019 年)的运作实践,对有线电视产业的各阶段和总系统进行了效率评价。

效率评价的结果表明,内容传输的效率整体高于内容制作阶段的效率,而且这一结论在这三年间都是成立的。也就是说,内容传输阶段的效率值普遍高于内容制作阶段的效率值。究其原因多半是消费者的用户信息在内容传输阶段被充分利用,这一阶段的市场化程度更高;而内容制作阶段多半是不能及时响应消费者的用户需求,同时投入要素多是战略规划的结果,在当年的市场运作中无法及时得以利用而造成效率偏低的局面。

一般来说,全要素生产率的提高可以从三个方面入手:技术进步、技术效率的提高以及扩大再生产以加大投资规模。当前,有线电视产业呈现出"偏科"式的发展,即技术进步和技术效率的交替式单向提高,这对产业的可持续发展促进作用有限。未来需实现两者同时提升,以使资源利用最大化。基于产业效率评价的结论,即有线电视产业内容传输阶段的效率绝对值和变化值都要明显优于内容制作阶段,今后的有线电视产业发展还需继续依托内容传输的市场化动力来推动,并不断打通产业链,使得市场动力能够借助用户的网络外部性传导到内容制作阶段,从而整体提升产业的可持续运营发展能力。有线电视产业的发展还是依托各个省市自治区的地方垄断模式,但是随着"三网融合"进程的推进,若想实现可持续发展的市场竞争格局,需尽快打破行政壁垒和垄断,促进省市自治区产业间生产要素的自由流动和优化配置。此外,还需加快产业技术的更新换代,推动基础设施的省市自治区共建共享等协调联动机制建设,以推动跨区域产业发展。在有线电视发展的新时期,还需借助数字技术和网络技术的升级,以及组织管理体制制度的改革完善来提高各省市自治区的全要素生产率和产业运营效率,从而带动全国有线电视产业的快速增长。

8.2 政策启示

基于对数字技术推动下的有线电视产业发展的实证和理论研究,本书从以下几个方面提出有效促进有线电视产业发展的政策建议,以推动有线电视产业的可持续发展。

有线电视产业的发展还是以依托各个省市自治区为模式的地方垄断模式,但是随着"三网融合"进程的推进,若想实现可持续发展的市场竞争格局,还需尽快打破行政壁垒和垄断,促进省市自治区产业间生产要素的自由流动和优化配置。同时,应加快产业技术的更新换代,推动基础设施的省市自治区共建共享等协调联动机制建设,以推动跨区域产业发展。在有线电视产业发展的新时期,应借助数字技术和网络技术的升级,以及组织管理体制的改革完善,全面提高各省市自治区的全要素生产率水平,从而带动全国有线电视产业的快速增长。

基于用户外部性的产业发展特性和数字技术时代信息流的双向互动,节目内容制作环节以及节目内容传输环节都需积极利用用户的反馈信息,加快用户信息在有线电视产业链条内的流动。依托这些信息,产业链各环节的运营主体需积极作出适当的节目内容调整,并制订服务质量提升措施,以锁定有线电视用户并培养其忠诚度。

应放松对有线电视产业的规制,尤其是对内容制作环节的规制,促进有线电视产业各部分的有效竞争,全面提升该产业的全要素生产率及运营效率,使得有线电视产业在省级行政区、市级甚至各个运营主体层面能更有效地配置现有资源。

应尽快建立全国统一的管理系统,促进有线电视产业、电信业以及互联网产业形成节目内容共享和用户共享的共生局面。当前分离的管理体制不利于市场化运作能力有限的有线电视产业发展,也不能有效促进电信业及互联网产业内成熟技术的流动。

8.3 研究展望

本书在数字技术快速发展、"三网融合"不断加深的背景下,处于有线电视产业市场化转型的攻坚阶段,尝试依据产业特性对有线电视产业的发展进行多角度的实证研究和理论研究。尽可能依据有线电视产业的发展脉络和发展环境的变化,梳理其典型产业特性。在深入剖析相关理论后,对有线电视产业的相关数据进行深度挖掘,试图在市场化转型时期能合理地对有线电视产业的全要素生产率和经营效率进行有效评价,并将"七力模型"和"Logistic 动态演化模型"应用到有线电视产业内进行适当的理论分析,但由于各种主客观因素的限制,未来本书的相关研究仍有进一步提升的空间。

今后,我们将不断突破限制,从以下几个方面对有线电视的效率评价以及基于这一视角的可持续发展研究展开工作:

第一,理论研究有待进一步深入。数字技术推动下的有线电视产业发展,既有信息技术科学的研究化过程,又有电视产业的市场化发展演变,涉及多种学科,如经济学、管理学、文化传播学、社会学等。后续研究将不断加强跨学科的交叉合作,寻找合适的视角及合作者,通过跨学科的视角,进一步深入研究相关话题。同时,借助动态演化模型等工具对有线电视产业与电信、互联网等产业之间的共生现象进行创新性分析,并将多维度整合模式的研究与共生现象结合探讨。

第二,经验研究有待进一步细化。由于我国有线电视产业暂未有系统性的行业数据库,相关的公开数据也仅是几个数据结构不完全一致又不能很好互补的发展年鉴,而且关注对象仅落实到省市自治区层面。市级及地方的发展数据,甚至企业层面的数据较难获得,这使得定量研究的有效性和普适性受到限制。此外,现有的数据都是来自公开的统计年鉴的数据,多以年度数据为数据周期,这也限制了研究的精度。未来,若条件允许,可以对有代表性的运营主体进行实时跟踪调研。

随着有线电视产业数据的不断细化和公开数据可获得性的加强,笔者会持续跟踪相关的指标和数据。待研究思路和研究数据进一步完善成熟后,将进一步推动已有的经验研究,以获得更加可靠的分析结论。

第三,理论研究与经验研究的交互研究,以进一步解释有线电视的产业结构与产业效率的演化。理论研究可以给予经验研究以合理的分析框架,经验研究可以在定性的框架下"让数据自己说话",两者相辅相成。通过两者的共同研究,可以定性和定量地阐明有线电视产业可持续发展的能力。随着未来数据结构和维度的丰富,理论研究与经验研究的结合将有更多可能。

有线电视的发展如同物种进化,经历了以广电为代表的有线电视时代,如今来到了互联网伴随着的数字电视时代,而且在技术进步不断加快的背景下,这一进化变化多端。就数字电视产品特征、当前技术水平、用户需求来看,未来的进化依然会沿着以内容为基础、以数据为手段的道路走。本书是从产业经济学的视角对有线电视产业的发展进行分析,未来将借助生态学的视角,深入分析有线电视产业的可持续发展情况。

需要特别指出的是,由于资本数据测算方法的不同、相应的价格平减处理方法的不同、全要素生产率测算方法的不同、研究时间序列跨度的不同以及产业效率测算中唯一解算法设计的不同等,都可能得出不同的结论。下一步研究还将进行各种不同方法之间的比较研究。

随着数字技术的发展,内容与媒介的快速交互,这一领域的研究需要时间沉淀。笔者及其团队将持续关注这一新兴领域,期望在现有的知识和实践认知基础上,早日对该领域进行更深入的探究。

参考文献

Aigner D, Knox L C A, Schmidt P, 1977. Formulation and estimation of stochastic frontier production function models[J]. Journal of Econometrics, 6(1): 21-37.

Allen R, Athanassopoulos A, Dyson R G, et al, 1997. Weights restrictions and value judgements in data envelopment analysis: evolution, development and future directions[J]. Annals of Operations Research, 73(0): 13-34.

Anderson S P, Waldfogel J, Strömberg D, 2015. Introduction[M]//Handbook of Media Economics. Amsterdam: Elsevier: xiii-xxvi.

Anderson T R, Hollingsworth K, Inman L, 2002. The fixed weighting nature of a cross-evaluation model[J]. Journal of Productivity Analysis, 17(3): 249-255.

Ang S, Chen C M, 2016. Pitfalls of decomposition weights in the additive multi-stage DEA model[J]. Omega, 58: 139-153.

Armstrong M, Porter R H, 2007. Handbook of industrial organization(Volume3) [M]. North-Holland, Amsterdam: Elsevier.

Arthur W B, 1989. Competing technologies, increasing returns, and lock-In by historical events[J]. The Economic Journal, 99(394): 116.

Asai S, 2005a. Efficiency and productivity in the Japanese broadcasting market[J]. Keio Communication Review, 27: 89-98.

Asai S, 2005b. Productivity and its decomposition in the Japanese broadcasting market[J]. The Kyoto Economic Review, 74(2): 179-190.

Asai S, 2006. Scale economies and scope economies in the Japanese broadcasting market[J]. Information Economics and Policy, 18(3): 321-331.

Asai S, 2011. Efficiency of Japanese local broadcasters[J]. Journal of Media Economics, 24(3): 158-173.

Balocco C, Papeschi S, Grazzini G, et al, 2004. Using exergy to analyze the sustainability of an urban area[J]. Ecological Economics, 48(2):231-244.

Banker R D, Charnes A, Cooper W W, 1984. Some models for estimating technical and scale inefficiencies in data envelopment analysis[J]. Management Science, 30(9):1078-1092.

Banker R D, Maindiritta A, 1986a. Erratum to: "piecewise loglinear estimation of efficient production surfaces"[J]. Management Science, 32(3):385.

Banker R D, Morey R C, 1986b. The use of categorical variables in data envelopment analysis[J]. Management Science, 32(12):1613-1627.

Banker R D, Morey R C, 1996. Chapter 8 Estimating production frontier shifts: an application of DEA to technology assessment[J]. Annals of Operations Research, 66(3):179-196.

Bansal, 2005. The immigrant lifecycle: a story of unskilled migration from India to the United States[D]. Los Angeles: University of Southern California.

Bel G, Calzada J, 2007. Access pricing to a digital broadcasting platform[J]. Journal of Media Economics, 20(1):29-53.

Belu C, 2009. Ranking corporations based on sustainable and socially responsible practices. A data envelopment analysis (DEA) approach[J]. Sustainable Development, 17(4):257-268.

Bodini A, Bondavalli C, Allesina S, 2012. Cities as ecosystems: growth, development and implications for sustainability[J]. Ecological Modelling, 245(3):185-198.

Bowlin W F, 1998. Measuring performance: an introduction to data envelopment analysis (DEA)[J]. The Journal of Cost Analysis, 15(2):3-27

Brandenburger A, Nalebuff B, 1995. The Right game: use game theory to shape strategy[J]. Harvard Business Review, 76(7):57-71.

Braxter L C, 1983. Bathing appliance: US4422205[P]. 1983-12-27.

Caillaud B, Jullien B, 2003. Chicken & egg: competition among intermediation service providers[J]. The RAND Journal of Economics, 34(2):309-328.

Callens I, Tyteca D, 1999. Towards indicators of sustainable development for firms a productive efficiency perspective[J]. Ecological Economics, 28(1):41-53.

Campbell D E, Garmestani A S, 2012. An energy systems view of sustainability:emergy evaluation of the San Luis Basin, Colorado[J]. Journal of Environmental Management, 95(1):72.

Caves D W, Christensen L R, Diewert W E, 1982a. The economic theory of index numbers and the measurement of input, output, and productivity[J]. Econometrica, 50(6):1393.

Caves D W, Christensen L R, Diewert W E, 1982b. Multilateral comparisons of output, input, and productivity using superlative index numbers[J]. The Economic Journal, 92(365):73.

Chakravorti S, Roson R, 2006. Platform competition in two-sided markets:the case of payment networks[J]. Review of Network Economics, 5(1):118-142.

Chang Y L, Sueyoshi T, 1991. An interactive application of data envelopment analysis in microcomputers[J]. Computer Science in Economics and Management, 4(1):51-64.

Chan-OlmstedS M, Guo M, 2011. Strategic bundling of telecommunications services:triple-play strategies in the cable TV and telephone industries[J]. Journal of Media Business Studies, 8(2):63-81.

Charnes A, Cooper W W, 1962. Chance constraints and normal deviates[J]. Publications of the American Statistical Association, 57(297):134-148.

Charnes A, Cooper W W, 1984. Preface to topics in data envelopment analysis[J]. Annals of Operations Research, 2(1):59-94.

Charnes A, Cooper W W, Golany B, et al, 1985. Foundations of data envelopment analysis for Pareto-Koopmans efficient empirical production functions[J]. Journal of Econometrics, 30(1/2):91-107.

Charnes A, Cooper W W, Lewin A Y, et al, 1994. Data envelopment analysis:theory, methodology, and applications. [M]. Dordrecht:Springer Netherlands.

Charnes A, Cooper W W, Rhodes E, 1978. Measuring the efficiency of decision making units[J]. European Journal of Operational Research, 2(6):429-444.

Charnes A, Cooper W W, Wei Q L, et al, 1990. Fundamental theorems of nondominated solutions associated with cones in normed linear spaces[J]. Journal of Mathematical Analysis and Applications, 150(1):54-78.

Chen C M, 2009. A network-DEA model with new efficiency measures to incorporate the dynamic effect in production networks[J]. European Journal of Operational Research, 194(3):687-699.

Chen Y, Cook W D, Li N, et al, 2009a. Additive efficiency decomposition in two-stage DEA[J]. European Journal of Operational Research, 196(3):1170-1176.

Chen Y, Liang L, Zhu J. 2009b. Equivalence in two-stage DEA approaches[J]. European Journal of Operational Research, 193(2):600-604.

Chen D, Waterman D, 2007. Vertical ownership, program network carriage, and tier positioning in cable television: an empirical study[J]. Review of Industrial Organization, 30(3):227-251.

Chipty T, Snyder C M, 1999. The role of firm size in bilateral bargaining: a study of the cable television industry[J]. Review of Economics and Statistics, 81(2):326-340.

Clements M E, Abramowitz A D, 2006. Retransmission consent, network ownership, and the programming decisions of cable operators[J]. Journal of Media Economics, 19(4):221-240.

Coelli T J, 1996. Measurement of total factor productivity growth and biases in technological change in Western Australian agriculture[J]. Journal of Applied Econometrics, 11(1):77-91.

Coelli T, Rao D S P, Christopher J, et al, 1998. An introduction to efficiency and productivity analysis[M]. Boston, MA: Springer US:69-97.

Coli M, Nissi E, Rapposelli A, 2011. Monitoring environmental efficiency: an application to Italian provinces[J]. Environmental Modelling & Software, 26(1):38-43.

Cook W D, 1998. Hierarchies and groups in DEA[J]. Journal of Productivity Analysis, 10(2):177-198.

Cook W D, Green R H, 2005. Evaluating power plant efficiency: a hierarchical model[J]. Computers & Operations Research, 32(4): 813-823.

Cook W D, Green R H, Zhu J, 2006. Dual-role factors in data envelopment analysis[J]. IIE Transactions, 38(2): 105-115.

Cook W D, Hababou M, Tuenter H J H, 2000. Multicomponent efficiency meas-urement and shared inputs in data envelopment analysis: an application to sales and service performance in bank branches[J]. Journal of Productivity Analysis, 14(3): 209-224.

Cook W D, Zhu J, 2007. Classifying inputs and outputs in data envelopment analysis[J]. European Journal of Operational Research, 180(2): 692-699.

Cook W D, Zhu J, 2008. Data envelopment analysis: modeling operational processes and measuring productivity[M]. Createspace Independent Publishing Platform, Charleston.

Cook W D, Kress M, Seiford L M, 1993. On the use of ordinal data in data envelopment analysis[J]. Journal of the Operational Research Society, 44(2): 133-140.

Cook W D, Kress M, Seiford L M, 1996. Data envelopment analysis in the presence of both quantitative and qualitative factors[J]. Journal of the Operational Research Society, 47(7): 945-953.

Cook W D, Liang L, Zhu J, 2010a. Measuring performance of two-stage network structures by DEA: a review and future perspective[J]. Omega, 38(6): 423-430.

Cook W D, Seiford L M, 2009. Data envelopment analysis (DEA)-thirty years on[J]. European Journal of Operational Research, 192(1): 1-17.

Cook W D, Tone K, Zhu J, 2014. Data envelopment analysis: prior to choosing a model[J]. Omega, 44: 1-4.

Cook W D, Zhu J, Bi G B, et al, 2010b. Network DEA: additive efficiency decomposition[J]. European Journal of Operational Research, 207(2): 1122-1129.

Cooper W W, Park K S, Pastor J T, 1999. RAM: a range adjusted measure of in efficiency for use with additive models, and relations to other models and measures in DEA[J]. Journal of Productivity Analysis, 11(1): 5-42.

Cooper W W, Seiford L M, Thanassoulis E, et al, 2004. DEA and its uses in different countries[J]. European Journal of Operational Research, 154(2):337-344.

Cooper W W, Seiford L M, Tone K, 2000. Data Envelopment Analysis: a Comprehensive Text with Models, Applications, References and DEA-Solver Software[M]. Boston, MA: Springer US.

Cooper W W, Seiford L M, Tone K, 2006. The CCR model and production corre-spondence[M]. Boston, MA: Springer US.

Cooper W W, Seiford L M, Zhu J, 2011. Handbook on data envelopment analysis[M]. Boston, MA: Springer US.

Crawford G S, Cullen J, 2007. Bundling, product choice, and efficiency: should cable television networks be offered à la carte? [J]. Information Economics and Policy, 19(3/4):379-404.

Crawford G S, Yurukoglu A, 2012. The welfare effects of bundling in multichannel television markets[J]. American Economic Review, 102(2):643-685.

De Borger B, Ferrier G D, Kerstens K, 1998. The choice of a technical efficiency measure on the free disposal hull reference technology: a comparison using US banking data[J]. European Journal of Operational Research, 105(3):427-446.

Debreu G, 1951. The coefficient of resource utilization[J]. Econometrica, 19(3):273.

Denison E F, 1962. The sources of economic growth in the United States and the alter natives before us[J]. Committee for Economic Development:545-552.

Denison E F, 1964. Capitaltheory and the rate of return[J]. American Economic Review, 54(5):721-725.

Despotis D K, Koronakos G, Sotiros D, 2016a. The "weak-link" approach to network DEA for two-stage processes[J]. European Journal of Operational Research, 254(2):481-492.

Despotis D K, Sotiros D, Koronakos G, 2016b. A network DEA approach for series multi-stage processes[J]. Omega, 61:35-48.

DoyleJ, Green R, 1994. Efficiency and cross-efficiency in DEA: derivations, meanings and uses[J]. Journal of the Operational Research Society, 45(5):567-578.

Dyson R G, Thanassoulis E, 1988. Reducing weight flexibility in data envelopment analysis[J]. Journal of the Operational Research Society, 39(6):563-576.

Eisenmann T, Parker G, Van Alstyne M, 2011. Platform envelopment[J]. Strategic Management Journal, 32(12):1270-1285.

Elkington J, 2000. The triple bottom line for 21st century business[J]. Journal of Business Ethics, 229-231.

Emrouznejad A, Yang G L, 2018. A survey and analysis of the first 40 years of scholarly literature in DEA:1978—2016[J]. Socio-Economic Planning Sciences, 61:4-8.

Evans D S, 2003. Some Empirical Aspects of multi-sided platform industries [J]. Review of Network Economics, 2(3):191-209.

Evens T, Berte K, 2014. Challenges of digital innovations: a set-top box based approach[M]//Television Audiences Across the World. London: Palgrave Macmillan UK:234-247.

Evens T, Donders K, 2013. Broadcast market structures and retransmission payments: a European perspective[J]. Media, Culture & Society, 35(4):417-434.

Evens T, Donders K, 2016. Mergers and acquisitions in TV broadcasting and distribution: challenges for competition, industrial and media policy[J]. Telematics and Informatics, 33(2):674-682.

Farrell M J, 1957. The measurement of productivity efficiency[J]. Journal of the Royal Statistical Society, 120(3):377-391.

Fidler R, 1997. Mediamorphosis: understanding New Media[M]. 2455 Teller Road, Thousand Oaks California 91320 United States:SAGE Publications, Inc.

Figge F, Hahn T, 2004. Sustainable value added: measuring corporate contributions to sustainability beyond eco-efficiency[J]. Ecological Economics, 48(2):173-187.

Fukuyama H, Mirdehghan S M, 2012. Identifying the efficiency status in network DEA[J]. European Journal of Operational Research, 220(1):85-92.

Fuss M A, 1994. Productivity growth in Canadian telecommunications[J]. The Canadian Journal of Economics, 27(2):371.

Førsund F R, Knox L C A, Schmidt P, 1980. A survey of frontier production functions and of their relationship to efficiency measurement[J]. Journal of Econometrics, 13(1):5-25.

Färe R, Grosskopf S, Lovell C A K, 1985. The measurement of efficiency of production[M]. Berlin: Springer Netherlands.

Färe R, Grosskopf S, Lovell C A K, 1994. Production frontiers[M]. Cambridge: Cambridge University Press.

Färe R, Grosskopf S, 2004. Modeling undesirable factors in efficiency evaluation: comment[J]. European Journal of Operational Research, 157(1):242-245.

Färe R, Lovell C A K, 1978. Measuring the technical efficiency of production [J]. Journal of Economic Theory, 19(1):150-162.

Färe R, Grosskopf S, 1992. Malmquist productivity indexes and fisher ideal indexes [J]. Economic Journal, 102(410):158-160.

Färe R, Grosskopf S, 2000a. Research note. Decomposing technical efficiency with care[J]. Management Science, 46(1):167-168.

Färe R, Grosskopf S, 2000b. On separability of the profit function[J]. Journal of Optimization Theory and Applications, 105(3):609-620.

Färe R, Grosskopf S, Margaritis D, 2011. Malmquist productivity indexes and DEA[M]//Handbook on Data Envelopment Analysis. Boston, MA: Springer US:127-149.

Färe R, Grosskopf S, Roos P, 1998. Malmquist productivity indexes: a survey of theory and practice [M]//Index Numbers: Essays in Honour of Sten Malmquist. Dordrecht: Springer Netherlands:127-190.

Gabszewicz J J, Laussel D, Sonnac N, 2004. Programming and advertising competition in the broadcasting industry[J]. Journal of Economics & Management Strategy, 13(4):657-669.

Gawer A, Cusamano MA, 2002. Platform Leadership: how Intel, Microsoft, and Cisco Drive Industry Innovation. [M]. Boston: Harvard Business Review Press.

Gerbarg D, 2009. Television goes digital[M]. New York: Springer:42-47.

Gershon R A, 2013. The transnational media corporation: global messages and free market competition[M]. London: Routledge.

Gibson R B, 2006. Sustainability assessment: basic components of a practical approach[J]. Impact Assessment and Project Appraisal, 24(3):170-182.

Goerner S J, Lietaer B, Ulanowicz R E, 2009. Quantifying economic sustainability: implications for free-enterprise theory, policy and practice[J]. EcologicalEconomics, 69(1):76-81.

Golany B, Roll Y, 1989. An application procedure for DEA[J]. Omega, 17(3):237-250.

Green R H, Cook W, Doyle J, 1997. A note on the additive data envelopment analysis model[J]. Journal of the Operational Research Society, 48(4):446-448.

Hagey K, Ramachandran S, 2014. Pay TV's new worry: 'shaving' the cord[N]. The Wall Street Journal, 2014-10-10(B1).

HsiehL F, Lin L H, 2010. A performance evaluation model for international tourist hotels in Taiwan: an application of the relational network DEA[J]. International Journal of Hospitality Management, 29(1):14-24.

Hu J L, Sheu H J, Lo S F, 2005. Under the shadow of Asian brown clouds: unbalanced regional productivities in China and environmental concerns[J]. International Journal of Sustainable Development & World Ecology, 12(4):429-442.

Iman R L, Conover W J, 1982. A distribution-free approach to inducing rank correlation among input variables[J]. Communications in Statistics-Simulation and Computation, 11(3):311-334.

International C, 2011. HBO and the future of pay-TV: The winning streak[J]. E-conomist, 400(8747):58-60.

Jitsuzumi T, Nakamura A, 2003. Measuring DEA efficiency in cable television network facilities: what are appropriate criteria for determining the amounts of governmental subsidies? [J]. Socio-Economic Planning Sciences, 37(1):29-43.

Johnson J B, Omland K S, 2004. Model selection in ecology and evolution[J]. Trends in Ecology & Evolution, 19(2):101-108.

Kao C A, 2009. Efficiency decomposition in network data envelopment analysis: a relational model[J]. European Journal of Operational Research, 192(3): 949-962.

Kao C A, 2014a. Network data envelopment analysis: a review[J]. European Journal of Operational Research, 239(1): 1-16.

Kao C A, 2017. Efficiency measurement and frontier projection identification for general two-stage systems in data envelopment analysis[J]. European Journalof Operational Research, 261(2): 679-689.

Kao C A, Hung H T, 2008a. Efficiency analysis of university departments: an empirical study[J]. Omega, 36(4): 653-664.

Kao C A, Hwang S N, 2008b. Efficiency decomposition in two-stage data envelopment analysis: an application to non-life insurance companies in Taiwan [J]. European Journal of Operational Research, 185(1): 418-429.

Kao C A, Hwang S N, 2014b. Multi-period efficiency and Malmquist productivity index in two-stage production systems[J]. European Journal of Operational Research, 232(3): 512-521.

Kuosmanen T, Kuosmanen N, 2009. How not to measure sustainable value (and how one might)[J]. Ecological Economics, 69(2): 235-243.

Kuosmanen T, Post T, 2001. Measuring economic efficiency with incompleteprice information: with an application to European commercial banks[J]. Euro-pean Journal of Operational Research, 134(1): 43-58.

Lam P L, Shiu A, 2008. Productivity analysis of the telecommunications sector in China[M]. Telecommunications Policy, 32(8): 559-571.

Lee K H, Farzipoor S R, 2012. Measuring corporate sustainability management: a data envelopment analysis approach[J]. International Journal of Production Economics, 140(1): 219-226.

Lee Y Y, Park Y T, Oh H S, 2000. The impact of competition on the efficiency of public enterprise: the case of korea telecom[J]. Asia Pacific Journal of Management, 17(3): 423-442.

Leibenstein H, 1966. Allocative efficiency vs. "X-Efficiency"[J]. American Economic Review, 56(3): 392-415.

Li F, Whalley J, 2002. Deconstruction of the telecommunications industry: from value chains to value networks[J]. Telecommunications Policy, 26(9/10): 451-472.

Li H T, Chen C, Cook W D, et al, 2018. Two-stage network DEA: who is the leader? [J]. Omega, 74:15-19.

Li W H, Liang L, Cook W D, et al, 2016. DEA models for non-homogeneous DMUs with different input configurations[J]. European Journal of Operational Research, 254(3):946-956.

Li Y X, Hou B Z, Wu Y, et al, 2021. Giant fight: Customer churn prediction in traditional broadcast industry[J]. Journal of Business Research, 131:630-639.

Liang L, Cook W D, Zhu J, 2008a. DEA models for two-stage processes: game approach and efficiency decomposition [J]. Naval Research Logistics (NRL), 55(7):643-653.

Liang L, Li Z Q, Cook W D, et al, 2011. Data envelopment analysis efficiency in two-stage networks with feedback[J]. IIE Transactions, 43(5):309-322.

Liang L, Wu J, Cook W D, et al, 2008b. The DEA game cross-efficiency model and its Nash equilibrium[J]. Operations Research, 56(5):1278-1288.

Lien D, Peng Y, 2001. Competition and production efficiency telecommunications in OECD countries[J]. Information Economics and Policy, 13(1):51-76.

Lim S, Zhu J, 2019. Primal-dual correspondence and frontier projections in two-stage network DEA models[J]. Omega, 83:236-248.

Lim S, Zhu J, 2016. A note on two-stage network DEA model: frontier projection and duality[J]. European Journal of Operational Research, 248(1):342-346.

Lin T T C, 2012. Market competitiveness of mobile TV industry in China [J]. Telecommunications Policy, 36(10/11):943-954.

Liu J S, 2013. A survey of DEA applications[J]. Omega-international Journal of Management Science, 41(5):893-902.

Liu W B, Zhang D Q, Meng W, et al, 2011. A study of DEA models without explicit inputs[J]. Omega, 39(5):472-480.

Löber G, Staat M, 2010. Integrating categorical variables in data envelopment analysis models: a simple solution technique[J]. European Journal of Operational Research, 202(3):810-818.

Malmquist S, 1953. Index numbers and indifference surfaces[J]. Trabajos De Estadistica, 4(2):209-242.

Martin C, 1997. Regulating digital television in a convergent world[J]. Telecommunications Policy, 21(7):575-596.

Mebratu D, 1998. Sustainability and sustainable development: historical and conceptual review[J]. Environmental Impact Assessment Review, 18(6):493-520.

Meng W, Zhang D Q, Qi L, et al, 2008. Two-level DEA approaches in research evaluation[J]. Omega, 36(6):950-957.

Munda G, Saisana M, 2011. Methodological considerations on regional sustainability assessment based on multicriteria and sensitivity analysis[J]. Regional Studies, 45(2):261-276.

Munksgaard J, Wier M, Lenzen M, et al, 2005. Using input-output analysis to measure the environmental pressure of consumption at different spatial levels [J]. Journal of Industrial Ecology, 9(1/2):169-185.

Ness B, Urbel-Piirsalu E, Anderberg S, et al, 2007. Categorising tools for sustainability assessment[J]. Ecological Economics, 60(3):498-508.

Neto E R, Mariotte M T, Hinz R T P, 2007. Indicators to measure sustainability of an industrial manufacturing[M]//Innovation in Life Cycle Engineering and Sustainable Development. Dordrecht: Springer Netherlands: 111-122.

Ou C H, Liu W H, 2010. Developing a sustainable indicator system based on the pressure-state-response framework for local fisheries: a case study of Gungliau, Taiwan[J]. Ocean & Coastal Management, 53(5-6):289-300.

Parris T M, Kates R W, 2003. Characterizing and measuring sustainable development [J]. Annual Review of Environment & Resources, 28(2):1-1328.

Pastor J T, Ruiz J L, Sirvent I, 1999. An enhanced DEA Russell graph efficiency measure [J]. European Journal of Operational Research, 115(3):596-607.

Paton D, Williams L V, 2007. Broadcasting productivity growth in the UK [C]. Occasional Paper Series, Nottingham, England: University of Nottingham

Business School.

Pearl R, Reed L J, 1920. On the rate of growth of the population of the United States since 1790 and its mathematical representation[J]. Proceedings of the National Academy of Sciences of the United States of America, 6(6):275-288.

Pearl R, Reed L J, 1929. The population of an area around Chicago and the logistic curve[J]. Journal of the American Statistical Association, 24(165):66-67.

Pearl R, Reed L J, 1930. The logistic curve and the census count of 1930[J]. Science, 72(1868):399-401.

Pentzaropoulos G C, Giokas D I, 2002. Comparing the operational efficiency of the main European telecommunications organizations: a quantitative analysis[J]. Telecommunications Policy, 26(11):595-606.

Pope J, Annandale D, Morrison-Saunders A, 2004. Conceptualising sustainability assessment[J]. Environmental Impact Assessment Review, 24(6):595-616.

Porter M, Guisinger A, Nadell B, 1991. Competitive advantage and global Trade in the 1990s: an interview with Michael porter[J]. Harvard International Review, 13(4):12-59.

Rey P, Tirole J, 2007. A primer on foreclosure[J]. Handbook of industrial organization, 3:2145-2220.

Rogerson W P, 2014. A vertical merger in the video programming and distribution industry: Comcast-NBCU(2011)[J]. The antitrust revolution:534-575.

Roll Y, Cook W D, Golany B, 1991. Controlling factor weights in data envelopment analysis[J]. IIE Transactions, 23(1):2-9.

Rousseau J J, Semple J H, 1995. Two-person ratio efficiency games[J]. Management Science, 41(3):435-441.

Rushdi A A, 2000. Total factor productivity measures for telstra[J]. Telecommunications Policy, 24(2):143-154.

Schmalensee R, 1989. Intra-industry profitability differences in US manufacturing 1953—1983[J]. The Journal of Industrial Economics, 37(4):337.

Schmalensee R, Evans D S, 2007. The industrial organization of markets with two-sided platforms[J]. SSRN Electronic Journal, 3(1):103-114.

Seiford L M, Zhu J, 1998. Stability regions for maintaining efficiency in data envelopment analysis[J]. European Journal of Operational Research, 108(1):127-139.

Seiford L M, Zhu J, 1999a. An investigation of returns to scale in data envelopment analysis[J]. Omega, 27(1):1-11.

Seiford L M, Zhu J, 1999b. Profitability and marketability of the top 55 U.S. commercial banks[J]. Management Science, 45(9):1270-1288.

Seiford L M, Zhu J, 2002. Classification invariance in data envelopment analysis. [M]. Uncertainty and Optimality:331-342.

Sexton T R, Silkman R H, Hogan A J, 1986. Data envelopment analysis:critique and extensions[J]. New Directions for Program Evaluation, 1986(32):73-105.

Sharma S, Henriques I, 2005. Stakeholder influences on sustainability practices in the Canadian forest products industry[J]. Strategic Management Journal, 26(2):159-180.

Solow R M, 1956. A contribution to the theory of economic growth[J]. The Quarterly Journal of Economics, 70(1):65.

Song M L, Peng J, Wang J L, et al, 2018. Environmental efficiency and economic growth of China:a ray slack-based model analysis[J]. European Journal of Operational Research, 269(1):51-63.

Sueyoshi T, 1990. A special algorithm for an additive model in data envelopment analysis[J]. Journal of the Operational Research Society, 41(3):249-257.

Sueyoshi T, 1994. Stochastic frontier production analysis:measuring performance of public telecommunications in 24 OECD countries[J]. European Journal of Operational Research, 74(3):466-478.

Sueyoshi T, 1998. Privatization of Nippon telegraph and telephone:was it a good policy decision? [J]. European Journal of Operational Research, 107(1):45-61.

Thanassoulis E, Boussofiane A, Dyson R G, 1996. A comparison of data envelopment analysis and ratio analysis as tools for performance assessment[J]. Omega, 24(3):229-244.

Tone K, 2001. A slacks-based measure of efficiency in data envelopment analysis[J]. European Journal of Operational Research, 130(3):498-509.

Tone K, 2002. A slacks-based measure of super-efficiency in data envelopment analysis[J]. European Journal of Operational Research, 143(1):32 – 41.

Tone K, Tsutsui M, 2009. Network DEA: a slacks-based measure approach [J]. European Journal of Operational Research, 197(1):243 – 252.

Triplett J E, Bosworth B, 2003. Productivity measurement issues in services industries: baumol's disease has been cured[J]. Economic Policy Review (9):23 – 33.

Tsai H C, Chen C M, Tzeng G H, 2006. The comparative productivity efficiency for global telecoms[J]. International Journal of Production Economics, 103(2):509 – 526.

Tyagi R K, 2001. Why do suppliers charge larger buyers lower prices? [J]. The Journal of Industrial Economics, 49(1):45 – 61.

Tyteca D, 1998. Sustainability indicators at the firm level[J]. Journal of Industrial Ecology, 2(4):61 – 77.

Ulanowicz R E, 2009. Quantifying sustainability: resilience, efficiency and the return of information theory[J]. Ecological Complexity, 6(1):27 – 36.

Uri N D, 2001. Changing productive efficiency in telecommunications in the United States[J]. International Journal of Production Economics, 72(2):121 – 137.

Varian H R, 1984. The nonparametric approach to production analysis[J]. Econometrica, 52(3):579.

Wagenvoort R, Schure, 1999. The recursive thick frontier approach toestimating efficiency[J]. Economic& Financial Reports, 68(2):183 – 201.

Wan X, Hu H H, Wu C, 2009. A theoretical and empirical study on China's transition to digital TV[J]. Telecommunications Policy, 33(10/11):653 – 663.

Wang Y M, Chin K S, 2010. Some alternative DEA models for two-stage process[J]. Expert Systems with Applications, 37(12):8799 – 8808.

Wang Y M, Chin K S, 2011. The use of OWA operator weights for cross-efficiency aggregation[J]. Omega, 39(5):493 – 503.

Wang X M, Hu H H, Xie C Y, 2019. Auditing the efficiency of the nation-funded social science research with data envelopment analysis[J]. INFOR: Information Systems and Operational Research, 57(2):165-186.

Waterman D, 1993. A model of vertical integration and economies of scale in information product distribution[J]. Journal of Media Economics, 6(3):23-35.

Wei R, Zhao Z, 2009. Digital cable TV networks: converging technologies, value-added services and business strategies[J]. Handbook of Research on Telecommunications Planning & Management for Business:15.

Winfield M, Gibson R B, Markvart T, et al, 2010. Implications of sustainability assessment for electricity system design: the case of the Ontario Power Authority's integrated power system plan[J]. Energy Policy, 38(8):4115-4126.

Xing W, Ye X, Kui L, 2011. Measuring convergence of China's ICT industry: an input-output analysis[J]. Telecommunications Policy, 35(4):301-313.

Yang G L, Shen W F, Zhang D Q, et al, 2014. Extended utility and DEA models without explicit input[J]. Journal of the Operational Research Society, 65(8):1212-1220.

Zhu J, 2015. Data envelopment analysis: a handbook of models and methods[M]. Boston, MA: Springer US.

Zofío J L, Prieto A M, 2001. Environmental efficiency and regulatory standards: the case of CO_2 emissions from OECD industries[J]. Resource and Energy Economics, 23(1):63-83.

包佳,2019. 有线电视业务市场分析及发展策略探究[J]. 数字通信世界(5):134.

蔡峰,2005. 基于产业生命周期的企业纵向整合策略研究[D]. 上海:复旦大学.

陈佳易,2012. 中国电信产业效率研究:基于网络型产业[D]. 济南:山东大学.

陈金桥,2013. 数字化时代:信息通信业的新增长浪潮[J]. 北京邮电大学学报(社会科学版),15(6):52-54.

陈诗一,2011. 中国工业分行业统计数据估算:1980—2008[J]. 经济学(季刊),10(3):735-776.

陈伟民,孙国俊,2012. 基于DEA-Malmquist指数的我国电信业效率研究[J]. 南京邮电大学学报(自然科学版),32(4):101-109.

程贵孙,2010.组内网络外部性对双边市场定价的影响分析[J].管理科学,23(1):107-113.

程贵孙,陈宏民,2009a.具有双边市场特征的电视媒体平台竞争模型[J].系统管理学报,18(1):1-6.

程贵孙,陈宏民,孙武军,2006.双边市场视角下的平台企业行为研究[J].经济理论与经济管理,26(9):55-60.

程贵孙,李银秀,2009b.具有负网络外部性的媒体平台双边定价策略[J].山西财经大学学报,31(4):7-13.

程鹏,张佳慧,2019.技术替代背景下需求轨道形态及特征研究[J].科学学研究,37(9):1660-1670.

戴小勇,2016.要素错配、企业研发决策与全要素生产率损失[D].大连:大连理工大学.

董春,2006.中国广电产业发展及空间布局的经济学研究[D].上海:复旦大学.

杜瑜,2020.网络换代初期电信运营商经营状况评估方法与实证研究[D].北京:北京邮电大学.

范晔,张新伟,2011.有线电视行业竞争力评价体系构建及实证分析:以山西有线电视行业为例[J].山西大学学报(哲学社会科学版),34(2):139-144.

方振邦,2018.战略性绩效管理[M].5版.北京:中国人民大学出版社.

高丛,2006.中国的移动支付市场机制与效率研究[D].北京:北京邮电大学.

高红波,2013.大数据时代电视平台的战略转型[J].南方电视学刊(3):24-27.

葛虹,黄祎,2008.基于分段参数型DEA前沿面的投入—产出型技术效率[J].中国管理科学,16(S1):37-40.

龚文英,2013.我国电视技术的革新对电视媒体发展影响研究[D].郑州:河南大学.

谷军健,赵玉林,2020.中国海外研发投资与制造业绿色高质量发展研究[J].数量经济技术经济研究,37(1):41-61.

顾成彦,胡汉辉,2008a.我国数字电视产业盈利模式创新研究[J].现代管理科学(3):9-10.

顾成彦,胡汉辉,2008b.捆绑销售理论研究评述[J].经济学动态(7):112-117.

顾成彦,胡汉辉,2008c. 网络型产业的渗透与融合问题研究:以上海市三网融合为例[J]. 产业经济研究(3):13-19.

顾成彦,胡汉辉,2008d. 网络融合理论研究述评[J]. 外国经济与管理,30(6):22-27.

顾成彦,胡汉辉,2008e. 基于 Malmquist 指数的我国电信业动态效率研究[J]. 软科学,22(4):54-57.

顾永红,万兴,2012. 基于必有组件独占的双边市场协调:以数字电视产业为例[J]. 西安电子科技大学学报(社会科学版),22(3):72-79.

郭存芝,彭泽怡,丁继强,2016. 可持续发展综合评价的 DEA 指标构建[J]. 中国人口·资源与环境,26(3):9-17.

郭莉,2005a. 工业共生进化及其技术动因研究[D]. 大连:大连理工大学.

郭莉,苏敬勤,2005b. 基于 Logistic 增长模型的工业共生稳定分析[J]. 预测,24(1):25-29.

侯艳红,2008. 文化产业投入绩效评价研究[D]. 天津:天津工业大学.

胡汉辉,沈华,2008. 网络的融合及电信管制的动态性[J]. 产业经济研究(1):37-42.

胡汉辉,万兴,周慧,2010. 网络融合下中国数字电视产业的规制与发展[J]. 产业经济研究(4):1-8.

黄速建,卢晟,2002. 上市公司可持续发展的若干问题[J]. 经济管理,24(3):9-12.

蒋萍,王勇,2011. 全口径中国文化产业投入产出效率研究:基于三阶段 DEA 模型和超效率 DEA 模型的分析[J]. 数量经济技术经济研究,28(12):69-81.

雷一俏,2011. 数字技术革命下的电视媒体跨区域整合研究[D]. 长沙:湖南师范大学.

李亮,崔晋川,2003. DEA 方法中输入输出项目的选择和数据处理[J]. 系统工程学报,18(6):487-490.

李再扬,杨少华,2010. 中国省级电信业技术效率:区域差异及影响因素[J]. 中国工业经济(8):129-139.

粟皓,吕本富,2016. 三网融合在建设网络强国中的作用分析[J]. 中国行政管理(11):63-66.

刘劲松,2014. 中国电信业改革重组过程中的全要素生长率增长及内外影响因素研究[D]. 北京:北京邮电大学.

刘娟,2012. 波特五力模型下中国网络电视台竞争战略研究[D]. 武汉:华中科技大学.

刘立,2006. 我国电信业价值链与电信企业运营模式演进的实证研究[J]. 管理世界,22(6):85-91.

刘孟飞,2014. 网络融合下的中国电信业效率评价及其影响因素研究[J]. 产经评论,5(2):79-92.

刘玉芹,胡汉辉,2011. 电信产业链网状化与电信市场竞争[J]. 中国工业经济(10):130-140.

卢远瞩,张旭,2015. 电视平台竞争:从免费模式到付费模式[J]. 经济学(季刊),14(2):731-756.

吕昌春,康飞,2010. 我国电信行业市场竞争、区域差异与生产效率[J]. 数量经济技术经济研究,27(2):78-92.

吕魁,2009. 有线电视入网费定价模型及影响因素分析:基于双边市场理论[J]. 西安电子科技大学学报(社会科学版),19(1):85-89.

吕鑫,2013. 基于三阶段DEA的我国电信业效率研究[D]. 南京:南京大学.

罗艳,2012. 基于DEA方法的指标选取和环境效率评价研究[D]. 合肥:中国科学技术大学.

罗志利,2002. 浅谈数字电视在有线电视网中的应用和发展[J]. 数字传媒研究(1):36,22.

马婧,曲小刚,2015. 基于DEA模型的中国广电产业发展效率评价[J]. 产业经济评论,(4):90-97.

马萱,郑世林,2010. 中国区域文化产业效率研究综述与展望[J]. 经济学动态(3):83-86.

聂鹏,2011. 中国经济持续增长研究[D]. 成都:西南财经大学.

欧阳春,2008. 中国电信业效率研究[D]. 长沙:湖南大学.

庞博慧,2012. 中国生产服务业与制造业共生演化模型实证研究[J]. 中国管理科学,20(2):176-183.

裴丹,江飞涛,2021. 数字经济时代下的产业融合与创新效率:基于电信、电视和互联网"三网融合"的理论模型[J]. 经济纵横(7):85-93.

乔均,祁晓荔,储俊松,2007.基于平衡计分卡模型的电信企业绩效评价研究:以中国网络通信集团江苏省公司为例[J].中国工业经济(2):110-118.

盛昭瀚,朱乔,吴广谋,1996.DEA理论、方法与应用[M].北京:科学出版社.

孙乐,2010.专业电影频道的发展模式:关于CCTV6和HBO的比较研究[D].北京:北京大学.

唐娟,秦放鸣,唐莎,2020.中国经济高质量发展水平测度与差异分析[J].统计与决策,36(15):5-8.

唐强荣,徐学军,何自力,2009.生产性服务业与制造业共生发展模型及实证研究[J].南开管理评论,12(3):20-26.

万兴,2009a.网络型产业融合下的市场竞争研究[D].南京:东南大学.

万兴,2012.中英两国数字电视转换政策之比较[J].现代经济探讨(12):55-59.

万兴,2013a.网络融合下数字电视产业的竞合形态与企业战略[J].中国科技论坛(4):59-64.

万兴,高觉民,2013b.纵向差异化双边市场中平台策略[J].系统工程理论与实践,33(4):934-941.

万兴,胡汉辉,徐敏,2010.一种间接网络效应下网络运营商价格竞争研究:基于数字电视和IPTV竞争的分析[J].管理科学学报,13(6):23-32.

万兴,吴崇,胡汉辉,2009b.中国数字电视整体转换的经济学分析[J].中国软科学(10):48-54.

汪一飞,1996.美国电视直播卫星及启示[J].空间电子技术(2):1-4.

王博文,韩先锋,宋文飞,2011.中国电信业全要素生产率空间差异及趋同分析[J].科学学与科学技术管理,32(6):117-122.

王晨奎,2013.中国电信业生产率及其增长研究[D].长春:吉林大学.

王家庭,张容,2009.基于三阶段DEA模型的中国31省市文化产业效率研究[J].中国软科学(9):75-82.

王嘉嘉,2013.全球电信业生产率测度分析及其对中国的启示[D].长春:吉林大学.

王江,2014.数字技术在有线电视中的应用[J].技术与市场,21(1):77.

王翔宇,2021.西部地区大型公共体育场馆运营管理绩效评价研究[D].成都:成都体育学院.

王小鲁,樊纲,刘鹏,2009.中国经济增长方式转换和增长可持续性[J].经济研究(1):44-47.

王羽,2019.以智慧广电开启广电产业发展新路径[J].中国有线电视 (3):310-311.

王之远,2006.我国商业银行的效率测量:基于前沿面分析法的运用[D].上海:同济大学.

魏权龄,2000.数据包络分析(DEA)[J].科学通报,45(17):1793-1807.

吴慧香,2015.中国文化产业生产率变迁及省际异质性研究[J].科研管理,36(7):64-69.

武玉英,何喜军,2006.基于DEA方法的北京可持续发展能力评价[J].系统工程理论与实践,26(3):117-123.

谢江林,2013.媒体整合的中国式逻辑:我国广播电视媒体规模扩张的路向与前景[J].现代传播(中国传媒大学学报)(7):9-13.

熊波,2013.新媒体时代中国电视产业发展研究[D].武汉:武汉大学.

徐晋,张祥建,2006.平台经济学初探[J].中国工业经济(5):40-47.

薛声家,王清,2010.基于DEA超效率模型的电信业效率及影响因素分析[J].北京邮电大学学报(社会科学版),12(5):51-57.

闫雪凌,汪林,林建浩,2020.产品决策的动态溢出效应研究:来自电视节目的经验证据[J].系统工程理论与实践,40(6):1640-1654.

杨锋,2006.含有多个子系统的决策单元的DEA效率评估研究[D].合肥:中国科学技术大学.

杨国梁,刘文斌,郑海军,2013.数据包络分析方法(DEA)综述[J].系统工程学报,28(6):840-860.

杨威,2001.数字电视的发展及其给相关产业带来的机遇[J].广播与电视技术,28(11):52-53.

杨煜,2012a.三网融合进程中有线电视产业竞争与规制研究[D].南京:东南大学.

杨煜,胡汉辉,朱侬曦,2012b.论政府的制度型再造与业务型再造:以有线电视部门为例[J].中国行政管理(6):17-21.

杨煜,秦双全,胡汉辉,2013.三网融合背景下网络基础设施升级的理论与实证研究[J]. 管理工程学报,27(4):186-195.

应翔君,2012. 我国文化产业效率及其影响因素分析[D]. 杭州:浙江工业大学.

于晗,2017. 我国电视媒体产业组织演化研究[D]. 北京:北京交通大学.

袁海,吴振荣,2012. 中国省域文化产业效率测算及影响因素实证分析[J]. 软科学,26(3):72-77.

曾珍香,顾培亮,张闽,2000. DEA方法在可持续发展评价中的应用[J]. 系统工程理论与实践,20(8):114-118.

张成波,2006. 我国电信市场竞争模式与资源配置效率研究[D]. 长春:吉林大学.

张宏军,徐有为,程恺,等,2018. 数据包络分析研究热点综述[J]. 计算机工程与应用,54(10):219-228.

张萌,姜振寰,胡军,2008. 工业共生网络运作模式及稳定性分析[J]. 中国工业经济(6):77-85.

张锐,2014. 基于DEA模型的我国各省市文化产业效率分析[D]. 厦门:厦门大学.

张薇,2010. 产业生命周期下的企业并购选择[D]. 南京:南京财经大学.

张召,2013. 改革开放以来中国消费文化变迁研究[D]. 北京:北京交通大学.

赵斐,2011. 2003—2010中国数字付费电视频道发展研究[D]. 济南:山东大学.

郑大勇,2005. 我国数字电视产业发展路径研究[D]. 北京:清华大学.

郑世林,葛珺沂,2012. 文化体制改革与文化产业全要素生产率增长[J]. 中国软科学(10):48-58.

周水银,陈荣秋,2000. 上市公司的可持续发展问题研究[J]. 中国软科学(6):46-49.

朱砚,1996. 我国无线电视、有线电视、卫星电视共存态势的综合考察[J]. 中国广播电视学刊(2):26-28.

朱金玉,2003. 全球化背景下中国电视业可持续发展研究[D]. 上海:复旦大学.

朱侬曦,胡汉辉,2015. 垄断、替代竞争与中国有线电视产业经济效率:基于

SBM-DEA 模型和面板 Tobit 的两阶段分析[J]. 南开经济研究 (4):121-135.

朱振中,吕廷杰,2007. 具有负的双边网络外部性的媒体市场竞争研究[J]. 管理科学学报,10(6):13-23.

朱光曦,马占新,2008. 基于 DEA 的企业可持续发展评价研究[J]. 中国管理科学,16(S1):358-361.

庄思勇,冯英浚,2010. 基于 DEA 的区域经济可持续发展能力的动态评价[J]. 数学的实践与认识,40(1):98-103.

邹峰,2014. 新一代广播电视网的发展:有线无线卫星融合覆盖网[J]. 电视技术,38(21):1-5,24.

后 记

虽然电视自问世以来就陪伴着一代又一代人的生活和成长,但似乎我们对它的认识一直不够深入。曾经,孩提时代的我们奢望能欣赏片刻的彩色电视,而今,人们却更倾向于沉迷于手机屏幕,逐渐疏远了传统的电视观看方式。显然,随着新媒体时代的到来,有线电视产业面临着一场由新媒体引发的深刻变革。本书旨在提供一个独特的视角,深入探讨有线电视产业的发展与演变。

自硕士学习时期起,我就对广播电视产业有所涉猎,并产生了浓厚的兴趣。恍惚间,十多年过去,往事如电影片段般不经意滑过。年近不惑之际,有着对生命生活的感恩,也有着对教学科研的热情。本书既是国家自然科学基金项目《三网融合与有线电视业的发展机制:以数字化内容为媒介的分析》(项目号:71173036)的科研延续,也是国家自然科学基金项目《以"一带一路"创新牵引中国区域产业转移、转型并高质量发展的机理、路径与政策研究》(项目号:71873030),以及江苏省教育厅高校人文社会科学研究一般项目《数字赋能产业集群创新演化驱动群际、群区融合发展的绩效评价研究》(项目号:2023SJYB0344)的成果之一。本书的出版,既是对我博士后研究生涯的总结,也是我教学工作的灵感源泉,更是未来深耕这一领域的起点。

受限于个人能力,书中难免存在疏漏之处,恳请读者予以谅解。在此,我谨向导师胡汉辉教授致以深深的感谢,正是他的指导和支持使我能够不断前进;同时,也要感谢出版社的叶娟老师等,感谢他们的专业和严谨,使得本书得以顺利出版。